Aidez votre ado à avoir confiance en lui

Josiane de Saint Paul
Estime de soi, Confiance en soi
S'aimer, s'apprécier et croire en soi
2e édition
InterEditions

Fabrice Lacombe
Arriver à le dire... même quand c'est difficile
Trouver les mots vrais, le ton juste et l'attitude adaptée
InterEditions

Michèle Batany
Quel parent voulez-vous être ?
InterEditions

Christiane Larabi

Aidez votre ado à avoir confiance en lui

Comment garder le contact
et l'encourager efficacement

Préface de Josiane de Saint Paul

Dessins de François Baude

InterEditions

Retrouvez tous nos ouvrages sur le site :

www.intereditions.com

ISBN 2 10 048416 8

SOMMAIRE

VOS ADOS... ÇA VA ?...!
ÇA POUSSE, ÇA POUSSE...
CONFIANCE

Préface

Même si l'adolescence est un âge de la vie, c'est aussi un passage initiatique, une mue, une transition entre une phase de notre existence : l'enfance, et une autre, l'âge adulte.

On parle souvent de la « crise » de l'adolescence et les parents redoutent souvent de voir leur enfant s'en approcher. Il est d'ailleurs logique de parler de « crise » car, chacun le sait, les « rites » de passage sont souvent difficiles et mettent à l'épreuve celui qui les traverse.

Aujourd'hui les cérémonies ritualisées pour marquer le passage d'un statut à un autre ont déserté nos pays occidentaux — ce qui est probablement regrettable. On pourrait même croire que les parents sont les premiers concernés par l'épreuve !

On peut aussi remarquer que le passage ne se fait pas nécessairement au même âge pour tous et que chacun le traverse à son heure et à son rythme. On parle même de « pré-adolescence » ce qui semblerait indiquer que la transition commence plus tôt.

Quoi qu'il en soit, rares sont ceux qui ne dépassent jamais ce stade, même s'il n'est pas impossible de rencontrer l'éternel adolescent ! Inutile de préciser que ce n'est pas l'idéal car les épreuves de la vie méritent d'être traversées si l'on veut poursuivre le voyage dans les meilleures conditions.

L'ouvrage que vous avez entre les mains vous concerne quels que soient votre âge et votre statut : adolescent en pleine crise, éternel adolescent, adolescent repenti, et surtout, ancien adolescent confronté au pire : la relation avec un autre adolescent qui, lui, ne sait pas qu'un jour vous avez été à sa place.

En effet, je connais très peu de parents qui gèrent la crise en toute sérénité et beaucoup d'éducateurs qui souffrent, d'une façon ou d'une autre. Il est vrai que l'adolescence est une période extrêmement créative. Certains le déplorent car cette dernière leur semble majoritairement utilisée pour créer et entretenir une relation conflictuelle avec l'entourage : en général les parents, frères et sœurs, professeurs, etc.

En ce qui concerne l'adolescent lui-même, il nous suffit de retrouver nos souvenirs pour admettre que les choses ne sont pas toujours faciles à vivre !

Mère de trois grands garçons, psychothérapeute pour adolescents, enfants et adultes, animatrice de groupes « parents/adolescents » qui s'adressent aux parents désemparés, et de groupes destinés aux adolescents eux-mêmes, Christiane Larabi sait très bien de quoi elle parle.

Avec l'enthousiasme, la chaleur, la générosité et l'authenticité qui la caractérisent, elle utilise la PNL et différentes méthodes complémentaires auxquelles elle s'est formée pour offrir des pistes de réflexion et des moyens concrets pour vivre mieux cette période difficile pour tout le monde.

À travers ce livre, elle engage par-dessus tout à profiter de cette transition pour grandir, aider à grandir et vivre une vie plus heureuse et pleine de sens.

Josiane de Saint Paul
Directrice de l'Institut français de PNL

Ici, on ne vend que des graines

Un couple de parents déambulait dans une ville de province qu'ils ne connaissaient pas lorsque la magnifique vitrine d'un magasin de plantes qu'ils n'avaient jamais vues attira leur attention. Il y avait là les plus jolies espèces de la terre avec des fleurs splendides, toutes plus belles les unes que les autres. Sous chaque pot se trouvait une étiquette : « bonheur », « confiance en soi », « réussite », « sérénité », « estime de soi »... C'était à la fois surprenant et attirant.

Ils décidèrent d'entrer dans le magasin pour en savoir plus et acquérir une ou deux de ces plantes qui pourraient diffuser le Bonheur, la Confiance en Soi et la Réussite à la maison. Surtout qu'en ce moment, avec leur adolescent, ce n'était pas tous les jours facile.

Au fond du magasin, se tenait un très vieil homme occupé à trier des graines. Ils s'adressèrent à lui pour lui demander le prix de ces plantes. Celui-ci ne releva pas la tête, trop occupé à compter ses précieuses graines et leur dit simplement : « Vous n'avez pas lu ce qui est écrit en bas de la vitrine ? »

« Ici on ne vend que les graines ! »

J'AI UNE IDÉE QUI GERME...
SI ON GRANDISSAIT ENSEMBLE ?
GRAINE DE CHAMPION, VA !

Introduction

Une période de grande vulnérabilité

L'adolescence est une période de vulnérabilité et de mutation. La perte des anciens repères attachés à l'enfance, l'attente des parents et la pression scolaire s'ajoutent à ce besoin de séparation qui amène les jeunes à jouer les indifférents ou au contraire afficher une attitude de supériorité.

Notre société est aussi en pleine mutation. Depuis 1968 notamment, beaucoup de femmes travaillent, les jeunes font de plus en plus d'études longues et l'adolescence se prolonge dans un contexte familial souvent lui-même perturbé.

Certains parents se découragent ou se raidissent devant le comportement de leurs adolescents qui se renferment ou se déprécient en répétant :

- Je n'y arriverai jamais !
- Je suis nul !
- Je ne suis pas à la hauteur !
- Les autres sont mieux que moi !...

ou qui se rebellent, ce qui est une autre façon de révéler un manque d'estime de soi et de confiance en soi.

Avant, nos parents faisaient comme leurs parents qui eux-mêmes reproduisaient l'éducation reçue de leurs parents ; on ne posait pas trop de questions et on naviguait entre le permis et l'interdit. Aujourd'hui, l'enfant est souvent roi et en même temps objet de beaucoup d'attentes. C'est pourquoi il est essentiel qu'il ait confiance en lui, sentiment qui résulte d'une bonne estime de soi.

L'estime de soi se trouve ainsi au cœur de cette transformation familiale et sociale.

Confrontée moi-même à la complexité de l'adolescence avec mes trois enfants, je me suis parfois retrouvée démunie devant certaines difficultés. Aujourd'hui, mon activité professionnelle de psychothérapeute d'adolescents me montre chaque jour la souffrance de ces jeunes qui ne se sentent pas compris par les adultes qui les entourent, que ce soit leur famille ou leurs enseignants.

Le but de cet ouvrage est donc de donner aux parents et aux adultes en charge de ces adolescents, des informations et des outils simples face aux problèmes quotidiens, à partir d'exemples vécus personnels et professionnels pour :

- installer et développer l'estime de soi et la confiance en soi chez leurs adolescents qui se montrent découragés, démotivés, voire pour certains, carrément démobilisés ;
- retrouver et garder le lien, pour maintenir le dialogue avec leurs adolescents, pour leur donner des repères et les mener vers leur autonomie ;
- communiquer pour créer un climat de confiance et favoriser leur estime de soi ;
- les aider à contacter ce qui est essentiel pour eux, de façon à trouver un sens à leur vie.

Il s'agit essentiellement d'un guide pratique permettant de savoir **comment** s'y prendre avec les adolescents, plutôt qu'un livre rappelant pourquoi l'adolescence est une période difficile. De nombreux et intéressants ouvrages sont parus sur ce sujet dont les références se trouvent à la fin de ce livre.

Les principaux outils que j'utilise sont issus de la PNL que j'enseigne au sein de l'IFPNL (Institut français de PNL), où j'anime des ateliers sur l'estime de soi et la confiance en soi auprès de jeunes adolescents depuis plusieurs années. La PNL est une technique de développement personnel qui permet de prendre conscience et de se défaire de comportements inadéquats et d'en adopter de nouveaux, plus aidants et favorables à notre épanouissement et à celui de notre entourage.

J'ai écrit ce livre en tenant compte des feed-backs de ceux qui ont participé à mes stages. Ce qu'ils apprécient le plus, ce sont les rêves éveillés dirigés, les métaphores et les exemples personnels et professionnels que je leur donne pour illustrer la théorie et la rendre plus vivante. J'ai beaucoup appris en les côtoyant. J'ai été sensible à leur intérêt pour les sciences humaines ainsi que leur désir d'apprendre et leur capacité à se remettre en question. J'ai également découvert leur profondeur et l'étendue de ce qu'ils pouvaient savoir. Les observer et les écouter nous enseignent l'humilité. Je constate régulièrement au cours de ma pratique de psychothérapeute et pendant mes stages avec les parents que ceux-ci sont demandeurs d'outils de communication pour maintenir le dialogue et pour poser des limites. Dans chaque parent, il y a un adolescent. Je leur propose de faire le lien avec leur propre histoire, de retrouver leur adolescent intérieur afin de communiquer avec leur adolescent d'aujourd'hui.

Il ne s'agit pas de culpabiliser les parents qui font de leur mieux, j'en suis persuadée. Françoise Dolto disait des parents : « ce n'est pas de leur faute, mais de leur fait ». En effet, nous faisons du mieux que nous pouvons, en fonction de qui nous sommes et de ce que nous savons. Le métier de parent ne s'apprend ni à l'école ni à l'université, mais sur le terrain au prix d'erreurs et parfois de souffrance. Quand enseignera-t-on les bases de la communication et, pourquoi pas, un minimum de psychologie sur le développement de l'enfant ?

Une recherche faite aux États-Unis sur plusieurs années dans l'État de Californie a montré que l'estime de soi est au cœur de la prévention des problèmes tels que l'échec et le décrochage scolaire, les difficultés d'apprentissage, la délinquance, l'alcoolisme, le chômage et le suicide. Virginia Satir, psychothérapeute familiale célèbre, une des pionnières de l'estime de soi, a travaillé sur les programmes gouvernementaux visant à l'augmenter chez des personnes « à risque », comme les enfants, les adolescents, les chômeurs etc., mais aussi chez les personnes qui s'occupaient d'eux (enseignants, médecins alcoologues, travailleurs sociaux). Lorsqu'on lui demandait comment elle s'y prenait pour obtenir de tels changements, elle répondait simplement : « je m'y attends » ; elle croyait en eux.

Pour prouver que l'estime de soi est une chose « naturelle » qui préside à notre naissance et qui ne devrait jamais nous quitter, sa démonstration était simple : un enfant nouveau-né a-t-il de la valeur, est-il important ? La plupart d'entre nous répondront « oui, c'est évident » ! Et cependant le bébé n'a rien fait, rien prouvé au monde. Le simple fait d'exister, fait qu'il a de la valeur et qu'il est important. Parce qu'il est vivant vous l'aimez. Il est donc nécessaire de continuer à lui manifester cet amour et à croire en lui, pour installer les bases de l'estime de soi.

L'estime de soi est en quelque sorte un « cadeau de naissance », il n'y a rien à faire pour l'avoir, car il n'y a rien à faire pour être. Parce que nous sommes vivants, nous avons de la valeur et nous sommes dignes d'être heureux. Bien sûr, cela ne nous dispense pas de développer nos capacités et d'assumer nos responsabilités, cela nous permettra de renforcer notre confiance en soi. C'est un processus basé sur l'écoute de nos émotions et de nos besoins, ce qui demande une pratique quotidienne et un temps d'intégration.

Si les livres renseignent et contribuent à notre développement, la compréhension intellectuelle n'accomplit pas à elle seule la transformation. Cette dernière est le résultat de l'expérience et de la pratique dans la durée. Elle produit également une transformation du cœur. C'est ce que je vous invite à découvrir : ce livre est fondé essentiellement sur l'expérience et la pratique.

PARTIE I

Les préalables à l'affirmation de soi : s'estimer et s'accepter

CHAPITRE 1

S'estimer

Les fondements d'une bonne confiance en soi

Qu'est-ce que l'estime de soi ?

L'estime de soi, c'est d'abord s'accepter inconditionnellement en tant qu'être humain et par là même, reconnaître sa valeur, son importance et son droit de vivre pleinement. C'est une évaluation globale que nous portons sur nous-mêmes dans différents domaines de notre vie.

Ce n'est pas être prétentieux ou suffisant. Au contraire, quelqu'un qui s'estime a conscience de ses forces et de ses faiblesses. Il s'accepte et se respecte tout en respectant les autres. Il est capable de voir ses erreurs comme des occasions d'apprendre et de progresser. Il s'affirme et assume ses responsabilités. Il se fixe des objectifs en accord avec ses valeurs, il fait aussi le nécessaire pour satisfaire ses besoins et avoir une vie épanouissante.

Depuis la petite enfance, l'opinion des parents est primordiale. À l'adolescence, celle des autres et, en particulier celle des amis, compte énormément. Encourager, valoriser les bons résultats, parler du succès engendre le succès et renforce l'estime de soi. Cette dernière se développe dès la petite enfance et l'âge adulte ne met pas un terme à ce processus, elle continue à évoluer jusqu'à la fin de notre vie. De plus, en développant l'estime de soi des jeunes en établissant de bonnes relations avec eux, parents et éducateurs consolident la leur, ce qui n'est pas négligeable.

Certaines personnes craignent que trop d'estime de soi ne conduise l'enfant ou l'adolescent à l'orgueil et à la suffisance. Il n'en est rien. De même qu'on ne peut pas être en trop bonne santé, on ne peut pas avoir trop d'estime de soi.

Ma déclaration d'estime de soi

Virginia Satir a écrit cette lettre à une jeune fille de 15 ans qui lui posait la question suivante : « Comment puis-je me préparer à vivre une vie riche et satisfaisante ? »

« Je suis moi.

Dans le monde entier, il n'y a personne qui soit exactement comme moi. Il y a des gens qui me ressemblent sur certains points, mais personne n'est en tout point exactement comme moi.

Par conséquent, toute chose qui sort de moi est authentiquement mienne parce que moi seule ai fait ce choix.

M'appartient tout ce qui se rapporte à moi : mon corps et tout ce qu'il fait ; mon esprit, toutes mes idées et toutes mes pensées ; mes yeux et les images de tout ce qu'ils voient ; mes émotions quelles qu'elles soient : colère, joie, frustration, amour, désappointement, excitation ; ma bouche et tous les mots qui en sortent : polis, doux ou durs, corrects ou incorrects ; ma voix, douce ou forte et toutes mes actions que ce soit envers moi ou envers les autres.

M'appartiennent tous mes fantasmes, mes rêves, mes espoirs, mes peurs.

M'appartiennent tous mes triomphes et tous mes succès, tous mes échecs et toutes mes erreurs.

Parce que je m'appartiens totalement, je peux faire plus ample connaissance avec moi-même. Ce faisant, je peux m'aimer et me lier d'amitié avec toutes les parties de moi. Je peux alors faire en sorte que toute ma personne travaille dans mon intérêt.

Je sais qu'il y a des aspects de moi qui me rendent perplexes et d'autres aspects que je ne connais pas. Mais tant et aussi longtemps que je serai aimable et bonne avec moi-même, je continuerai de chercher avec courage et espoir toutes les pièces qui manquent à mon casse-tête, et qui m'aideront à me connaître davantage.

Quelles que soient mon apparence et ma voix, quoi que je dise ou fasse et quoique je pense ou ressente à n'importe quel moment dans le temps, c'est toujours moi. C'est le moi authentique et cela représente où j'en suis à ce moment précis de ma vie.

Quand je repenserai plus tard à mon apparence et à ma voix, à ce que j'aurai dit ou fait, senti ou pensé, il se peut que certaines parties s'avèrent incorrectes. Je peux me défaire de ce qui est incorrect et conserver ce qui s'est avéré correct et inventer quelque chose de nouveau pour remplacer ce dont je me suis défait.

Je peux voir, entendre, sentir, penser, dire et faire. J'ai tout ce qu'il faut pour survivre, pour me rapprocher des autres, pour produire, pour donner un sens et un but au monde des personnes et des choses qui existent en dehors de moi.

Je m'appartiens, donc je peux me construire.

Je suis moi et je suis O.K. »

Caractéristiques des personnes qui ont une bonne estime de soi

- Elles considèrent qu'elles sont dignes d'être aimées et heureuses.
- Elles apprécient leur physique et leurs qualités. Elles se tiennent droites et se voient de façon positive, parlent d'elles avec bienveillance ;
- Elles sont acceptantes et tolérantes, elles se voient comme l'égale des autres, ni supérieures, ni inférieures et les respectent.
- Elles considèrent qu'elles-mêmes et les autres ont de la valeur et de l'importance en tant qu'être humain.
- Elles ont un « *a priori* » positif envers les autres et se font une opinion sur le moment plutôt qu'à partir d'idées préconçues ou de stéréotypes.
- Elles considèrent que chaque être humain possède les ressources pour évoluer. Elles se rappellent des succès du passé et s'en servent pour avancer.
- Elles sont réalistes, ne pensent pas qu'elles sont parfaites, reconnaissent leurs limites, s'attendent à s'améliorer et à grandir.

►

- Elles se donnent le droit à l'erreur et considèrent leurs erreurs comme des occasions d'apprendre.
- Elles acceptent que les autres ne soient pas parfaits et pensent qu'ils peuvent s'améliorer sans en faire leur affaire personnelle.
- Elles n'essayent pas de prendre les autres en charge ou de les changer, les privant ainsi des leçons qu'ils ont à apprendre.
- Elles sont autonomes et indépendantes, elles n'attendent pas que les autres les prennent en charge.
- Elles sont centrées sur leurs objectifs avec une vue positive et optimiste de leurs projets.
- Elles ont le sens de l'humour et font la différence entre l'humour et l'ironie. Elles multiplient les occasions de rire.
- Elles sont ouvertes aux expériences, elles ont un champ de perception large permettant des choix nombreux. Elles aiment relever les défis.
- Elles acceptent leurs émotions et les expriment. Elles reconnaissent et acceptent les émotions des autres.
- Elles aiment la vie et recherchent les expériences épanouissantes.

Caractéristiques des personnes qui ont une basse estime de soi

- Elles ne se sentent pas dignes d'être aimées et heureuses. Elles refusent les compliments.
- Elles se concentrent sur leurs défauts et se comparent aux autres, se contentant de les imiter au lieu de les modéliser.
- Elles se tiennent voûtées et se montrent déprimées.
- Elles se dévalorisent et méprisent les autres en les accusant de façon systématique.
- Elles prennent des positions rigides, veulent toujours avoir raison.
- Elles affichent un complexe de supériorité masquant un complexe d'infériorité.

- Elles sont susceptibles, sensibles aux critiques des autres et s'en préoccupent outre mesure.
- Elles refusent leurs émotions et les refoulent. Elles ignorent et nient les émotions des autres.
- Elles n'ont pas le sens de l'humour et pratiquent l'ironie à propos d'elles-mêmes et des autres.
- Elles mentent ou dissimulent, ne font pas confiance aux autres.
- Elles ne se fixent pas d'objectifs, s'installent dans la routine, cherchent avant tout la sécurité.
- Elles se rappellent leurs échecs, redoutent l'insuccès, abandonnent tout au moindre obstacle et ne prennent aucun risque.
- Elles ne demandent jamais d'aide, se blâment et se flagellent à la moindre occasion.
- Elles n'arrivent pas à prendre de décision, elles pratiquent la procrastination.
- Elles sont stressées quand elles réussissent.

S'aimer

« Aime ton prochain comme toi-même. » S'aimer, pour mieux aimer les autres, tel était le sens de ce message biblique. Comme beaucoup d'adolescentes de mon âge, ce que j'avais interprété c'était : « oublie-toi pour aimer les autres » comme si on ne pouvait pas s'aimer soi et aimer les autres en même temps.

La plupart des personnes qui ont fait la même interprétation donnent aux autres, se sacrifient pour les autres, s'oublient et finissent par mourir de soif juste à côté d'une source : **l'amour de soi.**

L'amour de soi, c'est arrêter de se critiquer, de se blâmer et de se haïr.

C'est s'aimer soi-même, s'apprécier, croire en soi et en la vie. C'est le premier pas vers la liberté. C'est différent du culte de l'ego.

Voici un extrait de *Pensées pour les jours ordinaires* de l'écrivain québécois Placide Gaboury.

S'aimer

L'amour de soi ce n'est pas de l'égoïsme, cette maladie du mental émotif. S'aimer veut dire ne pas se juger, ne pas s'en vouloir, laisser être ce qui est, s'accepter assez pour n'avoir plus à chercher admiration, confirmation, approbation. Cela veut dire que j'aime ce que j'ai été dans mon enfance, dans mon adolescence, cet être peureux qui ne savait pas que faire pour être aimé.

C'est parce qu'on ne s'aime pas que l'on est égoïste. Quand on n'a pas obtenu d'être aimé comme il faut, on cherche à ramener les êtres vers soi, à les soumettre à s'en servir comme appuis et béquilles. On est égoïste dans la mesure où l'on n'a pas été satisfait, où l'on n'est pas assez aimé. Mais comme personne ne peut nous aimer autant qu'on le voudrait, on est toujours insatisfait. Il n'y a que moi qui puisse m'aimer assez pour ne pas me reprocher ces défauts détestables :

- Quel con je suis !
- Ce que je suis bête !
- Je voudrais disparaître !

Je voudrais être comme je l'avais rêvé à 15 ans : invincible, inachetable, séduisant, le plus beau et le plus talentueux. Mais cela n'a pas été. Et si j'en rêve toujours, c'est que je ne m'accepte pas, je ne m'aime pas. Personne ne peut le faire pour moi, personne ne peut me réveiller sauf moi.

L'amour commence par soi-même. On le dit du reste : « Charité bien ordonnée commence par soi-même. » Le modèle, la source, le point de départ, c'est l'amour de soi, le respect absolu de ce qui nous constitue, l'admission de tout ce qui fait notre vie. Le oui complet. Se permettre d'être comme on est. Se donner la permission d'être unique et différent. Pas de culpabilité, pas de souffrance, pas d'auto-pitié. Tout cela, c'est se haïr, cela, c'est l'égoïsme : être retourné sur soi.

S'aimer, c'est s'être si bien accepté qu'on n'a plus à s'en occuper. Spontanément, on se retourne vers les autres.

Sans amour de soi, nous ne pouvons ni aimer réellement les autres, ni nous estimer. Cette absence d'estime de soi engendre des comportements tels que la manipulation, l'isolement, la méfiance, la dissimulation, la timidité, une attitude défensive ou, au contraire, l'orgueil, l'arrogance, la suffisance qui ne sont pas non plus des attitudes propices à une relation facile et constructive. Ce manque d'estime de soi peut aussi se manifester par des comportements antisociaux comme le rejet, l'agressivité et la violence.

L'image de soi

Les adolescents sont mal à l'aise dans leur corps, leur image de soi est déformée par tous les changements physiques. Les filles se focalisent sur le bouton qu'elles ont sur le front ou sur la taille de leur poitrine. Les garçons souffrent de leur voix qui mue. Ne vous moquez jamais d'eux à cette période de vulnérabilité. Ils en seraient blessés et perdraient confiance en eux et en vous. À ce moment, plus encore qu'auparavant les messages pour développer une bonne image de soi sont essentiels.

Prenez du temps pour dire à votre adolescent les qualités et les caractéristiques que vous appréciez chez lui en évitant de le faire devant ses amis car il se sentirait mal à l'aise. Dites-lui par exemple :

- que vous aimez son sourire,
- que vous le trouvez beau,
- que vous aimez le regarder marcher en se tenant bien droit,
- que vous aimez l'entendre rire,
- que vous trouvez qu'il a de beaux yeux,
- qu'il est habile de ses mains,
- qu'il est étonnant à voir quand il fait du sport,
- qu'il est unique quand il joue d'un instrument.

Les conséquences des humiliations et de la honte sur l'estime de soi

Dominique a 30 ans. Sympathique, dynamique, il manque pourtant de confiance en lui. Dans son travail, il éprouve des difficultés à prendre la parole en réunion. Dès qu'il y a plus de deux personnes, il est paralysé pour s'exprimer et ses mâchoires se crispent. Bien entendu, il fait tout pour éviter les réunions et envoie ses collaborateurs à sa place.

Il a participé à un séminaire sur l'estime de soi et a pris conscience que trois jours de stage ne lui suffiront pas pour la restaurer. En revanche, il a compris l'origine de ce manque de confiance et décidé d'entreprendre une psychothérapie.

On aborde en thérapie un sujet incontournable : les parents. Très vite il en veut à son père de ne pas l'avoir encouragé, valorisé et surtout de l'avoir humilié et battu. Comme souvent un train en cache un autre, il s'aperçoit que celui qui l'a le plus humilié devant les autres, c'est son frère aîné.

À l'adolescence, ce frère qui a deux ans de plus que Dominique l'emmène en virée avec ses copains. Dominique le plus jeune de la bande n'ose pas exprimer ses goûts différents. Quand il le fait, il subit les moqueries de son frère et de ses copains, quand il refuse de boire ou de fumer, les autres ironisent. Ces blessures se font toujours devant un groupe, ces humiliations se sont imprimées profondément dans son inconscient, il les a refoulées, ainsi que la colère qui les accompagne.

Comment peut-il avoir confiance en lui aujourd'hui, quand il doit s'exprimer devant un groupe ?

Quand il a écrit la lettre de reproches à son frère ses mains tremblaient de rage. Il pensait avoir une bonne relation avec son frère, mais elle n'était pas authentique, il était dans le déni.

La libération de sa colère et l'empathie du groupe répareront Dominique. Sa relation à son frère changera et deviendra authentique. Ils pourront communiquer sans retenue.

Si l'un de vos enfants se moque ou humilie son frère ou sa sœur, ne le laissez pas faire. Opposez-vous à toute injustice. Reconnaissez la colère de celui qui a été humilié. C'est une réaction normale à l'injustice et à la blessure.

Si vous êtes témoin de violence entre frères et sœurs, il faut l'interdire fermement. Dire à l'enfant : « je t'interdis de frapper ton frère ou de l'insulter, si tu recommences tu auras une punition » et, bien entendu, appliquer la sanction.

Celui qui humilie projette sa souffrance sur l'autre. On peut chercher à la comprendre, mais pas l'encourager. Il essaye d'augmenter son estime de soi au détriment de celle d'autrui. C'est une mauvaise méthode qui ne fonctionne ni pour l'un, ni pour l'autre.

On peut plaisanter en famille, mais il ne faut pas confondre l'humour et l'ironie. L'humour ne blesse pas, l'ironie fait mal.

Le jour des 15 ans de Mathilde, sa mère réunit la famille pour son anniversaire. C'est Mathilde qui apporte à chacun sa part de gâteau. Elle tremble, elle a peur de sa mère qui a toujours été violente et humiliante. Devant un invité Mathilde renverse une part du gâteau. Aussitôt c'est le drame, sa mère la traite d'imbécile et de maladroite devant toute l'assemblée. Elle s'enfuit en pleurs dans la cuisine, sa fête est gâchée.

Aujourd'hui, elle a 30 ans, dès qu'elle croit que son compagnon se moque d'elle, elle le prend très mal. Elle devient féroce et sort ses griffes. Sa colère est à fleur de peau. Elle l'insulte, leur dispute prend des proportions démesurées, ils parlent de séparation. Après coup, elle s'en veut, elle se jure que c'est la dernière fois et malheureusement ça recommence.

Cet exemple montre que l'humiliation du passé a provoqué une colère qui, n'ayant pas pu s'exprimer, se retourne aujourd'hui contre quelqu'un qui n'y est pour rien. Ainsi, elle reproduit, en partie, le modèle de sa mère, en devenant violente comme elle, or, bien entendu, la violence finit par détruire la relation.

En revanche, si l'on pouvait revenir à l'origine de chaque violence pour la comprendre et la traiter, on pourrait éviter bien des drames : individuels, domestiques, sociaux ou politiques.

Reconstruire l'amour et l'estime de soi

Certains adolescents s'entendent dire : « Tu as tout pour être heureux, tu ne manques de rien, regarde tout ce que j'ai fait pour toi, je me suis sacrifié(e). » Ceux-là risquent fort de se culpabiliser, de se détester et de se dévaloriser. D'autres reçoivent des messages terribles : « Tu es un connard, un bon à rien, tu ne réussiras jamais ! » Confrontés à ces insultes qui les blessent en portant atteinte à leur estime de soi, ils peuvent se rebeller violemment, s'opposer avec force ou se sur-adapter et glisser peu à peu vers la démotivation et la dépression.

Ils arrivent dans les séminaires d'estime de soi poussés par des parents qui veulent que je les remotive, que je les aide à retrouver la confiance en eux. Pour certains, c'est possible. D'autres, à l'issue du séminaire, pourront décider d'entreprendre une psychothérapie. Deux jours ne suffiront pas à réparer les dégâts

Dans le cadre d'une psychothérapie, la première chose que je fais, c'est écouter leur souffrance. Comment en sont-ils arrivés là ? Quand cela a-t-il commencé ? Ils sont étonnés qu'un adulte s'intéresse à eux, à leur personne plutôt qu'à leur livret scolaire ou leurs comportements « insatisfaisants ».

Qu'est devenu ce petit enfant plein de vie et d'énergie qu'il était ? Pourquoi cet adolescent en face de moi, avachi sur le fauteuil, résigné ou rebelle se comporte-t-il ainsi ? Je ne le juge pas, je le vois, je le respecte, j'éprouve pour lui de l'empathie et je le reconnais comme une personne importante ayant de la valeur. C'est la base nécessaire pour que son estime de soi se reconstruise.

Dès le début du séminaire, nous commençons par un rêve éveillé pour installer la base de l'estime de soi : l'amour de soi. En tant que parent vous pourrez l'expérimenter avec un autre adulte avant de le faire avec votre adolescent. Ensuite, vous le lui proposerez, sans toutefois insister. N'essayez pas de devenir son psychothérapeute.

Rêve éveillé dirigé pour découvrir l'importance de l'estime de soi : l'amour de soi

Centrez-vous sur vous-même jusqu'à ressentir un état de calme intérieur, lisez le texte suivant, en prenant soin de parler lentement et en respectant les temps de pause.

▶

Installe-toi confortablement, détends-toi, ferme les yeux et centre-toi sur ta respiration... Respire 3 ou 4 fois pour bien te détendre... Lâche tes épaules et les tensions de ton corps... Centre-toi sur tes sensations... Tu es de plus en plus détendu...

Imagine que tu tiens dans tes bras un nouveau-né, un petit bébé, peut-être celui d'une personne de ta famille ou d'amis... Tout en gardant les yeux fermés, regarde-le attentivement, sens le poids de ce bébé dans tes bras, il est léger, sans défense, en confiance... Peut-être es-tu attendri par ce bébé ?... Ressens bien comme il est important..., comme il a de la valeur..., alors qu'il n'a rien fait, rien démontré, rien prouvé au monde. Il est important parce qu'il est vivant..., tout simplement parce qu'il existe... tout simplement parce qu'il est là... et cette valeur il la gardera toujours...

Et maintenant, tout en gardant les yeux fermés et en continuant à ressentir l'importance de ce petit être humain, je te propose de te mettre à la place de ce bébé, le petit bébé que tu étais... Tu imagines ce petit bébé que tu étais (tu peux t'aider d'une photo de toi bébé ou imaginer tout simplement comment tu étais à cette époque...) et ce bébé que tu étais est là maintenant dans tes bras...

Aujourd'hui, tu es ce bon parent *(ou tu es ce jeune adulte bienveillant, dans le cas où l'exercice concerne votre adolescent)* qui tient ce petit bébé contre sa poitrine... Sens quel effet ça fait d'être là, sans rien avoir à faire, ni à prouver... porté par une personne qui t'aime et qui te reconnaît sans aucun doute sur ta valeur et ton importance, tout simplement parce que tu existes...

(Laisser du temps à la personne qui écoute pour savourer cet instant, ces retrouvailles sont parfois émouvantes...)

Garde cette certitude que tu es important et que tu as de la valeur quoiqu'il arrive, c'est un cadeau de naissance et on ne le perd jamais puisqu'il n'est conditionné par rien d'autre que le fait d'être soi et d'être en vie. Laisse cet enfant grandir en imagination... Permets-lui de repasser toutes les étapes de sa vie... arrête-toi quelques instants à certaines étapes où il aurait eu besoin de sentir qu'il était important et qu'il avait de la valeur... et dis-lui avec ton cœur, sincèrement : « tu es important(e), tu as de la valeur... Je t'aime... » ...

▶

Fais-le grandir à son rythme jusqu'à l'âge que tu as aujourd'hui... Prends tout le temps nécessaire pour arriver jusqu'à aujourd'hui...
(Observez l'état émotionnel de la personne qui écoute, accompagnez-la en silence, avec juste votre présence.)
Quand tu seras arrivé à aujourd'hui, tu pourras ouvrir les yeux et reprendre doucement contact avec ce lieu, respirer profondément, bouger les

Ce voyage laisse rarement indifférent les personnes qui l'expérimentent. Elles ont pris conscience de la valeur d'une personne, indépendamment de ce qu'elle peut faire. Beaucoup en reviennent avec cette certitude de leur valeur et de leur importance intrinsèques. Elles ont créé un nouveau lien d'amour avec leur enfant intérieur (l'enfant qui vit toujours en nous) et veulent le garder, elles repartent avec une base solide : l'amour de soi.

D'autres auront recontacté leur enfant intérieur, elles en seront plus proches. Même si elles ont besoin de temps pour réapprendre à l'aimer, cela leur permettra d'être plus proches de l'enfant intérieur des autres.

Parfois, c'est plus difficile, elles prennent conscience du manque d'amour dans leur enfance et c'est douloureux. Il leur faudra l'aide d'un psychothérapeute capable d'éprouver de l'empathie pour cet enfant blessé.

Les adolescents apprécient beaucoup ce voyage et ce contact avec leur petit enfant intérieur. Les retrouvailles sont souvent émouvantes et l'empathie du groupe joue énormément à ce moment-là.

À la fin du séminaire, Khali 16 ans témoignait : « J'ai appris que je suis importante, que j'ai de la valeur et que je suis aussi intéressante que n'importe qui d'autre. »
Elle était pourtant arrivée à reculons au séminaire. Selon elle, c'était sa mère qui voulait qu'elle y assiste. Elle s'était installée à l'écart du groupe, l'air renfrogné.

À la fin du séminaire elle déclarait : « C'est une très bonne idée de faire ce genre de stage. Cela permet d'aider les personnes qui en ont besoin et même celles qui pensent ne pas en avoir besoin. J'aimerais que les adultes arrêtent de juger sans connaître et qu'ils prennent plutôt la peine d'aider ceux qui n'ont pas d'estime de soi et de confiance en soi. »

Bien que cela se produise rarement, des jeunes viennent contre leur gré à mes séminaires, auquel cas ils ont besoin de temps pour décider eux-mêmes d'y participer. La majorité en a parlé avec leurs parents auparavant et ils sont d'accord.

Quand l'adolescent vient « contraint et forcé » comme pour Khali, je respecte sa résistance en lui disant : « je te comprends, tu n'es pas d'accord tu aimerais mieux être ailleurs, ce n'est pas ton choix, je te propose de rester et d'observer ou de participer seulement aux exercices qui te plairont. Plus tard, nous ferons le point pour savoir si tu décides de rester, et là c'est toi qui auras décidé en connaissance de cause. Si tu pars, c'est OK pour moi. Cela n'a pas de sens d'obliger quelqu'un à faire ce genre de séminaire, c'est une démarche volontaire et personnelle. Dans ce cas, nous appellerons tes parents et nous en parlerons avec eux. »

J'anime ces séminaires avec les jeunes depuis plusieurs années, je n'ai encore jamais eu d'adolescent qui soit parti du stage. La sincérité et la curiosité du groupe ainsi que le contenu du séminaire font que la résistance disparaît assez rapidement. Celui ou celle qui a manifesté un blocage au départ, repart en général motivé, heureux et fier d'y avoir assisté. Ils se séparent en échangeant leurs adresses et me touchent par l'empathie qu'ils se manifestent au bout de deux jours.

Prouvez-lui que vous l'aimez

L'adolescent a besoin de se sentir aimé pour apprendre à s'aimer, de prendre conscience de sa valeur pour se sentir en sécurité et intérioriser une bonne estime de soi. Même s'il éprouve le désir de s'éloigner de se parents pour se trouver, ce qui est naturel, il a besoin de sentir l'amour de ses parents, sans que ces derniers acceptent tout, y compris les comportements inappropriés.

Certains parents pensent qu'ils montrent de l'amour à leurs enfants parce qu'ils s'inquiètent pour eux et qu'ils se sacrifient pour eux. Ce n'est pas suffisant.

Certains enfants savent que leurs parents les aiment mais ils ne le *sentent* pas. Aimer est un élan du cœur qui doit se matérialiser d'une façon ou d'une autre. Cela suppose un moment d'intimité où l'émotion d'amour est manifestée par un geste de tendresse, une étreinte physique, un regard, une parole. Il y a de nombreuses façons de leur faire sentir que vous les aimez.

Quelques moyens de leur montrer que vous les aimez

Manifestez-leur de la tendresse en les prenant dans vos bras, embrassez-les ; certaines mamans se retrouvent dans les bras de leurs adolescents qui sont des géants à 15 ans. S'ils ont vécu ces sentiments d'amour tout petits, ils y seront rarement opposés. N'oubliez cependant pas qu'ils ont besoin de se séparer de vous et qu'à l'adolescence, ils aiment moins les câlins de leurs parents. N'en prenez pas ombrage. Cela ne signifie pas qu'ils n'ont pas encore besoin de votre amour. C'est lui qui leur donne la sécurité nécessaire pour renforcer leur estime de soi.

Dans certaines familles, les pères n'embrassent pas leurs fils. Eux-mêmes n'ont jamais reçu cette marque de tendresse de la part de leur père. Certains embrasseront et étreindront néanmoins leurs enfants, d'autres ne le pourront pas. Expliquez-le à votre adolescent pour qu'il n'en déduise pas que leur père ne les aime pas.

Dites-leur que vous les aimez. Bien entendu, à l'adolescence, les petits mots d'amour ont leur place en famille pas devant les amis. Vous risqueriez de les gêner, surtout devant « les copains ».

Dites-leur aussi qu'ils sont dignes d'être aimés, qu'ils méritent le bonheur, le respect, qu'ils sont capables de réussir, capables d'apprendre et prouvez-le par vos actes. Nous en reparlerons dans les chapitres suivants de façon concrète.

Profitez de certaines occasions pour leur rappeler que vous les aimez. Par exemple, à chaque fois que je pars en voyage, j'appelle ou j'envoie un message à chacun de mes enfants pour leur rappeler que je les aime et qu'ils ne l'oublient jamais. L'un va me répondre immédiatement par *(texto)* : « moi aussi ! » et l'autre ne répondra pas, il le fera éventuellement plus tard.

►

▶

Dites-leur ce que vous aimez chez eux, qui les caractérise et qui était déjà présent quand ils étaient petits (son sourire, son intelligence, son habileté, sa sensibilité, etc.).

Dites-leur ce que vous aimez chez eux et qui vous impressionne maintenant qu'ils sont grands.

Écrivez-leur, à l'occasion d'un anniversaire par exemple, optez pour un petit mot, un poème dans lequel vous leur exprimez votre amour avec vos mots à vous.

Écrivez-leur la première chose que vous avez aimée chez eux quand ils étaient petits. Une maman a écrit à son fils :

« J'ai trouvé que tu étais le plus beau bébé de la terre, tu étais tout potelé avec des yeux immenses, bleus comme le ciel. Tu souriais tout le temps et tu avais déjà une personnalité bien marquée. Dès que tu as commencé à te tenir debout, tu t'accrochais, tu étais décidé, volontaire, fonceur, je me disais : « celui-là il se sortira de toutes les situations ! » Je me sentais attendrie car tu étais encore un bébé et en même temps plein de promesses. Je suis si fière

Si vous manquez d'inspiration, offrez-leur le texte suivant de Pablo Casals :

Tu es une merveille

Chaque seconde que nous vivons est un moment nouveau et unique dans l'histoire de l'univers, un moment qui ne reviendra plus jamais.

Et qu'enseignons-nous à nos enfants ? Nous leur enseignons que deux et deux font quatre et que Paris est la capitale de la France.

Quand leur enseignerons nous aussi à savoir qui ils sont ?

Nous devrions dire à chaque enfant : sais-tu qui tu ES ?

Tu ES une merveille, Tu ES unique. Depuis le début des temps, il n'y a jamais eu un autre enfant comme toi. Tes jambes, tes bras, l'agilité de tes doigts, ta façon de marcher.

Tu pourrais être un Shakespeare, un Michel Ange, un Beethoven.

Tu ES capable de réussir en tout. Oui tu ES une merveille. Et quand tu seras grand, oserais-tu faire du mal à quelqu'un qui, comme toi, est une merveille ?

Tu dois travailler, nous devons tous travailler, à rendre le monde digne de ses enfants.

Demandez à votre adolescent :

- à quoi sais-tu que ton père et ta mère t'aiment ?
- qu'est-ce que ton père et ta mère aiment le plus chez toi ?
- comment montres-tu à tes parents que tu les aimes ?
- qu'est-ce que tu dois faire pour te faire aimer de tes parents ?

Vous serez peut-être surpris par ses réponses. Ce sera l'occasion d'en parler avec calme et sérénité pour que chacun puisse s'exprimer et écouter l'autre. L'amour partagé crée la sécurité qui soutient la relation.

Après avoir échangé avec ses parents sur ces questions, une adolescente me confiait : « Aujourd'hui, je suis sûre que mes parents m'aiment. »

Dites-leur que vous les aimez avant qu'il ne soit trop tard. Au cours d'un séminaire que j'animais avec des parents pour améliorer leur communication avec leurs adolescents, il y avait, parmi les participants, une maman qui écoutait tous ces parents se plaindre de leurs difficultés relationnelles avec leurs enfants. Elle-même avait un adolescent en pleine crise et elle était là pour apprendre à mieux communiquer avec lui. Elle venait chercher des outils pour ne pas faire les mêmes erreurs qu'elle avait faites avec son aîné qui s'était tué en moto. Elle culpabilisait de ne pas avoir su s'y prendre et demanda aux parents présents de ne jamais oublier de dire à leurs enfants qu'ils les aiment pendant qu'ils sont vivants. Nous étions tous émus par ce bouleversant témoignage et chacun a pris conscience de l'importance qu'avait son enfant. La force de l'émotion a agi sur chacun d'eux comme un électrochoc.

POINTS CLÉS

- S'estimer, c'est être conscient de sa valeur personnelle en tant qu'être humain, s'aimer, s'apprécier et croire en soi.
- Tout être humain est important et digne d'être aimé. C'est un cadeau de naissance. Dites-lui que vous l'aimez.
- L'image de soi est déformée à cette période d'extrême vulnérabilité qu'est l'adolescence ; les railleries et les moqueries blessent profondément. Protégez votre ado.

CHAPITRE 2

S'accepter

Savoir faire la différence entre qui je suis et ce que je fais et reconnaître mes besoins

Faire la différence entre qui il est et ce qu'il fait

L'adolescent cherche à se séparer de ses parents, il cherche d'autres points de repère, ses amis et les enseignants vont jouer un rôle très important. Il se compare aux autres, il s'évalue à partir de leurs feed-backs. Son estime de soi est conditionnée par leurs messages : « Tu *es* nul, tu *es* un incapable, tu *es* un fainéant, tu *es* un raté, tu *es* méchant… »

Toutes ces phrases qui se veulent éducatives sont désastreuses. En réalité, elles le blessent, le dévalorisent, le découragent, le ridiculisent. Elles constituent une manipulation et une violence psychologique qui ont un effet destructeur sur l'estime de soi.

En français, on abuse facilement du verbe être. « Tu *es* maladroit », « Tu *es* lent. » En disant cela, on identifie la personne à une incapacité ou à un défaut, ce qui produit des effets négatifs.

Pensez plutôt à encourager ses efforts, faites-lui confiance et dites-lui ce qu'il fait de bien.

Pour nous accepter inconditionnellement, il nous faut faire la différence entre qui nous sommes (un être humain digne de vivre pleinement et capable d'apprendre) et ce que nous faisons (qui peut être parfois critiquable et même inacceptable) :

- Qui nous **sommes** est de l'ordre de notre **identité**.

- Ce que nous **faisons** est de l'ordre de nos **comportements**.

Robert Dilts, un de chefs de file de la PNL, a repris les travaux de Gregory Bateson, anthropologue et philosophe de l'école de Palo Alto, qui démontrait comment l'être humain s'adapte en permanence à son environnement de façon logique. La pyramide des niveaux logiques, telle que Robert Dilts la propose, met en évidence la différence de niveau entre le comportement, les capacités et l'identité :

- pour agir sur notre **environnement**, nous adoptons des **comportements ;**

- pour cela, nous mettons en œuvre nos **capacités ;**

- ce qui nous pousse à agir, c'est ce à quoi nous croyons, ce qui est important pour nous, c'est le niveau des **croyances** et des **valeurs ;**

- ces valeurs s'inscrivent dans notre projet de vie. Cela donne du sens à qui nous sommes : c'est le niveau de l'**identité ;**

- cela a aussi un impact sur les autres, c'est le niveau d'**appartenance** à des groupes plus larges.

L'expérience prouve qu'il est assez rare que nous fassions spontanément la différence entre l'« être » et le « faire ». En général notre éducation tend à nous faire croire que ces deux niveaux sont dépendants l'un de l'autre : *sois gentil* (identité), *range ta chambre* (comportement), *tu n'es qu'un paresseux* (identité), *fais tes devoirs* (comportement)…

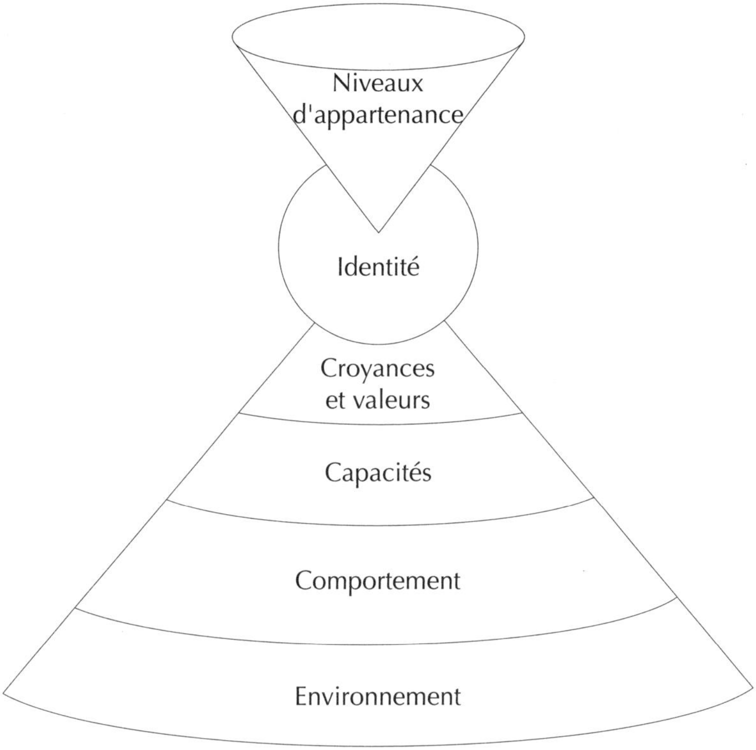

Figure 1 – Pyramide des niveaux logiques

Bien entendu, il n'y a rien à faire pour être. *En revanche, nous sommes responsables de ce que nous faisons.* Heureusement, nous avons tous la capacité d'apprendre. Pour avoir et garder une bonne estime de soi, nous avons besoin d'acquérir des compétences et de les mettre en œuvre, jour après jour pour prendre soin de nous et faire face aux défis de la vie.

Ce qui est vrai pour nous l'est aussi pour les autres et nous devons être attentifs à ne pas confondre l'adolescent avec son comportement.

Exercice pour se désidentifier de son comportement et pratiquer l'acceptation de soi

Choisissez une expérience au cours de laquelle vous vous êtes dévalorisé et dit par exemple : « Je suis nul, quel con ! »

Placez un écran en imagination devant vous, et regardez-vous sur cet écran avec ce comportement, dites à voix haute, en le répétant plusieurs fois :

« Même si je n'aime pas ce comportement » ou « même si je trouve ce comportement inefficace... **Je ne suis pas mon comportement**, je suis toujours important, capable d'apprendre et digne d'être heureux. »

En considérant à nouveau uniquement le **comportement**, que ferez-vous à la place dans l'avenir dans des circonstances similaires ?

Après un séminaire sur l'estime de soi avec des adultes, un stagiaire me confiait : « c'est la partie du stage qui a été la plus forte pour moi, quand j'ai pris conscience que je n'étais pas mon comportement. J'avais tellement entendu mes parents me dévaloriser que j'ai pu faire la différence entre qui j'étais et ce que je faisais, ce fut un réel soulagement. Je vais corriger ma façon de faire avec mes enfants avec qui je suis en train de reproduire le même schéma. »

Il est essentiel et urgent de faire la différence entre l'*être* et le *faire* pour renforcer les bases de l'estime de soi. L'enfant a vite fait de croire que, lorsqu'il fait une erreur, il risque de ne plus être aimé ; cela le fait souffrir et détruit son estime de soi.

Un enfant peut faire une erreur, une bêtise, mal se comporter. On peut désapprouver et même détester son comportement, mais nous devons nous souvenir qu'il reste un *être* humain digne d'être aimé, respecté et capable d'apprendre.

C'était l'attitude de base de Virginia Satir et d'autres professionnels de la relation d'aide, comme le célèbre psychiatre Stanislas Tomkiewicz, auteur de *L'Adolescence volée*, qui ont travaillé pendant de nombreuses années, dans le cadre de programmes gouvernementaux, avec des jeunes délinquants, pour endiguer la violence.

Ils étaient capables de voir l'être humain avant de juger son comportement. J'irai plus loin : ils étaient capables de voir qu'en chacun, il y a une étincelle qui ne demande qu'à briller, qu'à être reconnue. C'est en communiquant avec cette partie unique qui existe en chacun de nous que je crée l'alliance avec les jeunes adolescents que je rencontre.

Je les regarde dans les yeux et je vois leur humanité. Ils se sentent exister, ils sentent qu'ils sont reconnus, écoutés et compris. La plupart des adultes leur parlent sans même les regarder, occupés à faire autre chose ou préoccupés par leur travail et leurs problèmes personnels. Je me suis moi-même surprise en train de parler à mes enfants, la main sur la poignée de la porte signifiant ainsi : « dépêche-toi, je dois partir » ou en train de préparer le dîner, plus occupée à regarder ma casserole que mon fils.

J'ai compris que, lorsque je voulais communiquer, je devais créer les conditions favorables à une bonne communication. Me mettre en face de lui, m'asseoir s'il est assis, rester debout s'il est debout le regarder dans les yeux et me dire : « c'est un moment privilégié ». Choisir la qualité de l'échange plutôt que la quantité. (Nous verrons au chapitre 5 comment mettre en œuvre cette façon de communiquer.)

Exercice à deux, pour apprendre à dire bonjour en étant vraiment présent à l'autre le temps du bonjour

Imaginons Paul et Pierre se disant bonjour. Ils sont face à face, se regardent dans les yeux et se disent :

- Bonjour Paul.
- Bonjour Pierre.
- Je te vois Paul.
- C'est bon de te voir Pierre.
- Je suis là Paul.
- C'est bon d'être ensemble Pierre.

Ce petit exercice permet d'apprendre à dire bonjour avec ses yeux, avec son cœur en étant centré et respectueux de l'autre. Cela influence la suite de l'échange.

Quand ce rapport est créé, que la relation est établie, le climat de confiance installé, on peut expliquer à un enfant la différence entre qui il *est* et ce qu'il *fait*. On peut détester un comportement et continuer à aimer la personne.

Très tôt je l'ai expliqué à mon petit-fils : si tu « fais » une bêtise, je peux être en colère contre ce que tu as fait et « toi » je continue à t'aimer. Il l'a très bien compris. Un jour qu'il avait fait une bêtise, il avait 3 ans, il est venu vers moi l'air inquiet, en me demandant : « Tu m'as bien dit que tu m'aimerais toujours ? » Je lui ai répondu : « Oui ! Qu'as-tu fait ? » Immédiatement il s'inquiète : « ça y est, je vois déjà dans tes yeux que tu es fâchée ! », Je lui réponds : « peut-être que je vais être fâchée contre ce que tu as fait, je te répète que je continuerai à t'aimer ». Effectivement, je me suis fâchée parce qu'il avait manipulé un appareil qu'on lui avait demandé de ne pas toucher. Je lui ai exprimé ma désapprobation et je lui ai rappelé que je l'aimais.

Deux ans plus tard, il me confirmait qu'il avait intégré cette notion. Alors que nous n'étions pas d'accord, il m'invectivait avec des mots qui ne me plaisaient pas. Je lui ai alors demandé de me parler autrement, il me répondit « je suis très en colère parce que tu ne veux plus jouer avec moi ». J'ajoutais que je comprenais qu'il soit en colère, mais que ce n'était pas une raison pour me parler ainsi. Il rétorqua « quand je suis énervé, je parle comme ça, tu sais bien que je suis en colère et qu'on s'aime dans notre cœur ». Son émotion exprimée et reconnue, il pouvait passer à autre chose.

Beaucoup d'enfants croient que lorsque maman ou papa sont en colère, ils ne les aiment plus. Au contraire, la colère saine permet une vraie relation d'amour. Si on l'explique à l'enfant très tôt, il sentira cet amour, il se sentira important, en sécurité, conscient de sa valeur et installera une bonne estime de soi.

Si on ne l'a pas fait alors qu'il était petit, il n'est pas trop tard. À cette période significative de la vie, la transition est difficile à vivre.

Les adolescents perdent leurs anciens repères et doivent en mettre en place de nouveaux. Autant que ceux-ci soient en faveur de la promotion de l'estime de soi ! Il appartient aux parents et aux éducateurs de s'adresser à eux de façon à faciliter ce processus.

Dites-leur des mots qui touchent leur cœur et qui renforcent l'estime de soi comme :

- « Je suis fièr(e) de toi ! »
- « Merci ! J'apprécie ce que tu as fait ! »
- « Tu es persévérant ! tu es habile ! »
- « Tu es beau ou belle ! tu as un si beau sourire ! »
- « Tu es capable de réussir, tu vas y arriver … ! »
- « Tu es sensible, intelligent, généreux… ! »
- « Tu as de l'imagination, tu es plein de bonnes idées ! »

L'erreur est une étape sur le long chemin de l'apprentissage et de la réussite

On a cru pendant longtemps que pour progresser, il fallait souligner l'erreur, écrire en rouge dans la marge et souligner les fautes. Bien entendu l'estime de soi en souffre. Or si cela marchait cela se saurait, c'est l'effet contraire qui se produit. On commence à comprendre aujourd'hui qu'il n'y a pas d'échec, il n'y a que des erreurs qui peuvent nous permettre d'avancer ; si nous les considérons pour ce qu'elles sont : des indicateurs dont nous avons quelque chose à apprendre.

Un de mes jeunes clients se plaignait d'*être* nul en dictée. Je lui explique : « Tu n'*es* pas nul en dictée. Tu es en CP, tu fais des fautes et quoi de plus normal ? Tu vas à l'école pour apprendre, si tu savais écrire les mots correctement, tu n'aurais plus besoin d'aller à l'école.

Tu as envie d'aller à l'école et d'apprendre à lire et à écrire ? » Oui, me répond-il.

« La prochaine fois que tu te trompes, au lieu de dire "je suis nul", tu diras : "chouette je me suis trompé, je sais ce que je dois apprendre maintenant".

Tu regarderas la faute que tu as faite, avec tes yeux tu photographieras bien le bon mot, avec la bonne orthographe, tu rangeras le mot dans ta petite bibliothèque, là-haut dans ta tête, la prochaine fois que tu en auras besoin tu le retrouveras dans ta bibliothèque et tu l'écriras correctement. »

Ça lui a plu et il a mis mon conseil en application à la première occasion. Dès la première erreur, il dit à sa maîtresse : « Chouette je me suis trompé ! » Celle-ci, surprise, lui a demandé pourquoi il disait ça. Il lui a alors expliqué que c'est Christiane qui lui a demandé de faire comme ça. La maîtresse, intelligente et ouverte s'est renseignée auprès des parents qui ont confirmé. Aujourd'hui, elle joue le jeu, et ses jeunes élèves deviennent « bons » en dictée. Ils ont découvert la stratégie de l'orthographe en s'amusant.

Quand les parents ou les enseignants sont déçus, l'enfant ne veut pas prendre le risque de les décevoir à nouveau, il se bloque dans son apprentissage. Quand son entourage le juge sévèrement, il se considère lui aussi avec sévérité.

Par peur de l'échec, il risque de ne plus vouloir essayer. Il a alors une mauvaise opinion de lui-même et perd confiance en lui. Après une erreur, il faut l'encourager, lui rappeler sans cesse que ce sont nos erreurs qui nous permettent de progresser.

Un certain nombre d'enseignants pratiquent désormais ces méthodes pour apprendre à apprendre (voir par exemple l'ouvrage d'Alain Thiry et Yves Lellouche, *Apprendre à apprendre avec la PNL*). Ils ne dévalorisent pas leurs élèves quand ils se trompent. Ils ont compris qu'il fallait réhabiliter l'erreur, car elle pouvait être un levier pédagogique essentiel.

Les enfants ont soif d'apprendre. Depuis qu'ils sont tout petits ils vous demandent pourquoi ceci, et pourquoi cela et pourquoi et pourquoi…, ils veulent savoir. Pourquoi un jour n'ont-ils plus envie d'apprendre ? Que s'est-il passé ?

Outre les erreurs pédagogiques des enseignants qui font de leur mieux, mais qui reproduisent souvent le modèle qui leur a été appliqué, certains parents me confient : « le matin c'est la course, il faut faire vite, l'heure de la crèche, du travail, de l'école, on crie : dépêche-toi, plus vite, mais tu le fais exprès ». Comment aimer l'école quand on y va dans ces conditions ?

Que vont devenir ces petits enfants qui grandissent avec sous les yeux, des « modèles » stressés, culpabilisateurs qui les déposent en courant à la crèche ou à l'école, en les pressant d'aller plus vite car sinon papa sera en retard à sa réunion et maman ratera son train ?

Beaucoup découvrent l'apprentissage dans le stress dès l'école primaire. Si au moins les parents pouvaient éviter d'en rajouter le soir à la maison afin que le travail soit fait dans le plaisir et la curiosité !

Je conseille aux parents qui sont eux-mêmes trop stressés ou trop pressés pour avoir suffisamment de patience avec leurs enfants de prendre des « répétiteurs », par exemple : des lycéens pour les petits enfants ou des étudiants pour les adolescents qui le font très bien. Les relations parents-enfants sont préservées et tout le monde est content.

Un comportement insatisfaisant vient d'un besoin non satisfait

Être son propre ami, c'est être bienveillant avec soi-même, se traiter avec respect et refuser de se critiquer en tant que personne, ce qui est différent de critiquer ses comportements quand ils sont critiquables. Il n'est pas drôle de vivre avec quelqu'un qu'on n'apprécie pas 24 heures sur 24 heures. Nous avons donc intérêt à être notre propre ami :

– L'**estime de soi,** c'est ce que nous pensons et ressentons à propos de nous-mêmes.

- L'**acceptation de soi,** c'est ce que nous devons faire pour promouvoir notre estime de soi.

Les deux sont basées sur l'acceptation inconditionnelle de notre valeur et de notre importance en tant qu'être humain.

Un des présupposés de la PNL est que **tout comportement a une intention positive.** La reconnaissance et l'acceptation de l'intention positive du comportement n'encouragent pas du tout les comportements indésirables ; au contraire, cela permet d'en trouver de meilleurs. La personne a adopté ce comportement pour satisfaire un besoin, une valeur (consciemment ou inconsciemment).

Par exemple, une personne fume et souhaite arrêter de fumer. Si elle n'y arrive pas c'est qu'en fumant elle satisfait un besoin comme se détendre, se faire plaisir, être convivial, être en relation, prendre une bouffée d'air (aussi paradoxal que cela puisse paraître). Une fois qu'elle a identifié de quel besoin précis il s'agit, elle trouvera une autre façon de le satisfaire en adoptant un comportement plus approprié. Si c'est un besoin de détente par exemple, elle pourra se relaxer, lire un livre, regarder un film ou faire du sport.

Les comportements agressifs, voire violents satisfont eux aussi des besoins comme rétablir la justice, se défendre, se protéger, être entendus, reconnus, respectés.

L'adolescent en se révoltant, en s'opposant, cherchera son indépendance, son autonomie. Il se manifestera d'autant plus fort que les parents chercheront à le contrôler ou à le surprotéger. Reconnaître l'intention positive n'excuse pas le comportement, cela permet simplement de le comprendre. Sachant à quoi il sert, il est beaucoup plus facile de le changer en le remplaçant par un autre qui remplira la même fonction positive sans présenter les inconvénients du premier. Ainsi on peut apprendre à s'affirmer pour se faire entendre sans être agressif ou violent.

La violence est synonyme d'impuissance. Elle peut amener certains adolescents à tout détruire autour d'eux. Ils marquent ainsi avec force leur crise identitaire, leur manque d'amour, leur désespoir, leur insécurité ou leur manque de perspectives d'avenir.

Savoir qu'il y a toujours une intention positive derrière un comportement, nous conduit à plus de tolérance envers nous-mêmes, à mieux nous **accepter** et à mieux accepter les autres. Au lieu de croire que l'autre est borné, qu'il fait ça pour nous embêter ou qu'il n'a rien compris, nous partirons du principe qu'il a son intention positive, même si nous ne la connaissons pas, même si nous détestons son comportement.

Si votre adolescent s'habille de façon provocante, écoute du Rap ou du Reggae à tue-tête, ne range pas sa chambre, s'il a des horaires décalés, s'il est agressif ou au contraire se renferme, rappelez-vous que tous ces comportements qui vous irritent et vous interpellent ont une « intention positive » ou une « fonction utile » pour lui.

Alors que dans la petite enfance, la plupart des besoins de l'enfant sont pris en charge par les parents, l'adolescent doit apprendre à reconnaître les siens et à les satisfaire. Il ne le fera pas toujours de façon adéquate. Les adultes sont là pour l'aider à comprendre ses besoins et à les satisfaire de façon appropriée. Prenons quelques exemples simples de la vie quotidienne.

Quand il passe du temps au téléphone avec ses amis qu'il vient juste de quitter, il a sans doute besoin d'être écouté, d'être compris, de partager. S'il mange de façon inconsidérée, il peut avoir besoin d'être aimé. Chaque enfant est unique, pour l'un le fait de manger remplira la fonction d'être aimé, pour un autre ce sera peut être un besoin de sécurité, etc. Le fait de ne pas ranger sa chambre, de laisser des traces de son passage dans la maison, peut signifier qu'il a besoin d'espace, de marquer son territoire ou d'être reconnu.

Reconnaître ses besoins…

La période de l'adolescence est marquée par des besoins particuliers de reconnaissance, de liberté, d'appartenance, de plaisir, de marquer son territoire, de recherche d'identité, etc.

Quand je voyais mon fils, coiffé avec des « rastas », habillé de pantalons orange avec des bandes vertes et noires, (affichant ainsi son appartenance au mouvement autour de la musique de Bob Marley), la taille au niveau des hanches, j'avais toujours peur qu'il ne perde son pantalon ! Un jour il a pris l'avion avec son père, habillé strictement avec un costume cravate. C'était à la fois comique et touchant. Je demandai à son père : « comment fais-tu pour voyager avec lui habillé de cette façon ? » Il me répondit : « son habillement ce n'est pas le plus important, il a besoin de se différencier de moi ». Pour lui, c'était cela son intention positive : derrière son comportement provoquant, se cachait le besoin de se sentir important, de se trouver, d'être différent de son père et d'avoir sa propre identité.
Son père l'avait compris avant moi qui m'efforçais de le convaincre de s'habiller « normalement », c'est-à-dire à mon goût, avec mon intention positive à moi : qu'il soit dans « les normes », pour me rassurer. Nous avions chacun une intention positive différente ce qui générait des conflits entre nous. Aujourd'hui, nous rions ensemble de tous ces petits détails qui gâchent la vie de tous les jours dans beaucoup de familles. J'avais oublié qu'à mon adolescence, ma mère n'appréciait pas non plus mes choix vestimentaires, j'en avais souffert et, malgré moi, je reproduisais son modèle.

Je reprendrai ici le cas de Khali, 16 ans, qui ne voulait pas assister au séminaire. Elle redoublait sa seconde et voulait passer en première.

Khali n'avait pas envie de parler ; renfrognée, elle restait à l'écart des autres. Elle avait pourtant décidé de rester en observatrice au début, peu à peu, elle s'est intégrée au groupe et a participé aux exercices.

Lors de celui qui consistait à chercher l'intention positive d'un comportement limitant, elle choisit le suivant :

— « Je me laisse influencer par mes amis au lycée ? À l'heure du déjeuner, ils me proposent de fumer du cannabis, je refuse dans un premier temps, puis ils insistent et je fume. L'après-midi je suis incapable de suivre les cours, je suis ailleurs. »

Elle sait que si elle continue, elle risque de rater son année et d'être orientée à la fin de sa seconde, ce qu'elle ne veut pas.

Elle connaît l'intention positive consciente de son comportement :

— « quand je me laisse influencer par les autres, c'est pour continuer à faire partie du groupe ». Cela répond au besoin d'appartenance qui est fondamental à l'adolescence.

Pour trouver l'intention positive inconsciente, au cours de l'exercice, elle a besoin de faire « comme si » elle fumait du cannabis maintenant dans le séminaire, je lui demande sur un ton hypnotique de se remettre en situation :

— Maintenant, imagine que tu fumes du cannabis, fais « comme si », comment te sens-tu, que se passe-t-il, que fais-tu de bon pour toi ?

— Je suis bien, détendue, je me crée mon monde à moi, c'est un monde où chacun décide pour sa vie et moi je peux décider de la mienne, je me sens libre.

Elle est émue par sa découverte.

— Remercie cette partie de toi qui cherche à te procurer de la détente et à ressentir la liberté.

Elle le fait sincèrement.

— Maintenant que tu sais que c'est pour te détendre et te sentir libre de tes choix, que peux-tu faire d'autre à l'avenir pour satisfaire ton besoin de détente et de liberté ?

— Je peux me détendre autrement et surtout m'affirmer. En disant non à mes amis, je me dis oui à moi-même. J'aurai vraiment l'impression de décider de ce qui est bon pour moi, je me sentirai encore plus libre.

Je l'ai félicitée et je l'ai remerciée pour sa capacité à s'intégrer dans le groupe.

...pour les satisfaire

En symbolisation, on considère que l'être humain est composé de trois corps interactifs et reliés entre eux :

- le corps physique,
- le corps émotionnel, psychologique et intellectuel,
- le corps spirituel.

Ces trois corps ont des besoins spécifiques bien identifiés. Lorsqu'un de ces besoins n'est pas satisfait, un premier signal se manifeste. Si ce besoin n'est toujours pas satisfait, le signal avance et peut devenir un symptôme puis une maladie.

Les besoins de l'être humain[a] : physiques, émotionnels, psychologiques, intellectuels et spirituels

Les besoins physiques

- Sécurité
- Oxygène
- Maintenir sa température
- Liquides
- Élimination
- Sommeil
- Nourriture
- Repos
- Relaxation
- Plaisir
- Prendre soin de soi
- Hygiène
- Exercice
- Mouvement
- Stimulation
- Toucher
- Libérer l'énergie sexuelle
- Rythme
- Espace

a. Liste établie par Marge Reddington, fondatrice de l'Institut international de symbolisation à Dayton (Ohio).

Les besoins émotionnels, psychologiques et intellectuels	
• Sentiment de sécurité • Structure (le temps, l'espace) • Stimulation • Reconnaissance • Expression (sentiments et pensées) • Estime de soi • Importance (se sentir important) • Se sentir significatif (impact sur le monde) • Appartenance • Aimer • Être aimé • Développement	• Travail (activité professionnelle) • Accomplissement • Soutien • Intensité • Intimité • Plaisir • Relations sexuelles • Espace • Contact • Prendre soin de soi • Prendre soin des autres • Qu'on prenne soin de nous
Les besoins spirituels	
• Nourriture (contact avec la nature, l'art, la beauté…) • Expression (peinture, musique, poésie) • Stimulation • Contribution unique au monde	• Culture des vertus • Développement • Unité • Relation avec le divin

Écouter son corps

Prenons le besoin de dormir. Si ce besoin n'est pas satisfait, les premiers signaux physiques se manifestent : vous baillez, vos yeux vous brûlent, votre corps se tend et manifeste de la fatigue. Si au lieu d'en tenir compte, vous prenez plusieurs cafés, des vitamines, les signaux progressent. Au niveau émotionnel, vous devenez irritable, agressif ; au niveau psychologique, vous commencez à déprimer ; au niveau intellectuel, vous oubliez vos rendez-vous, vous perdez vos papiers, vous cherchez vos mots. Si vous continuez à ignorer ces signaux, au niveau spirituel, vous rentrez dans une dépression plus grave, vous perdez votre volonté de vivre, vous pouvez même être hospitalisé pour une longue durée.

Le besoin de sommeil est un besoin vital, à ne pas confondre avec le besoin de repos et de relaxation qui sont des besoins différents. Les nazis le savaient et s'en servaient comme instrument de torture en empêchant leurs prisonniers de dormir.

Notre système de signaux est très performant, mais il s'appauvrit si nous n'en tenons pas compte. C'est ainsi par exemple que les personnes âgées oublient de boire et se déshydratent. Certaines en meurent.

Si vous attendez que ce soit les autres qui répondent à vos besoins, vous risquez d'être déçus. Ils ne peuvent pas lire dans votre tête ; s'ils essayent, bien souvent, ils se trompent et vous êtes encore plus contrarié. C'est de votre responsabilité en tant qu'adulte d'écouter vos besoins et de les satisfaire. Si vous n'y accordez pas d'importance, les autres n'y prêteront pas attention et votre adolescent suivra votre modèle.

Une mère se plaignait que ses enfants ne participaient pas assez aux tâches domestiques : mettre la table, ranger les courses, débarrasser le lave-vaisselle, sortir les poubelles… Elle le faisait en répétant et en soupirant : « C'est toujours la même qui fait tout ici ! » Un jour, son fils lui dit : « si tu me le demandais, je le ferais », elle lui répondit sur un ton de victime : « Je n'ai pas à te le demander, tu vois bien ce qu'il y a à faire ! »

Cet adolescent me confiait : « Je veux bien le faire, mais il faut que ce soit quand elle veut, c'est toujours tout de suite avec elle, moi je peux le faire plus tard, on se dispute toujours sur le même sujet, j'en ai marre, maintenant je ne l'entends plus, elle n'a qu'à se plaindre toute seule. » Nous avons fait une séance de négociation entre la mère et son fils, chacun a pu dire et entendre ses besoins et ceux de l'autre.

Peut-être vous reconnaissez-vous dans ce genre d'attitude, alors cessez de croire que les autres doivent deviner ce qui se passe dans votre tête. Acceptez aussi que le travail domestique ne soit pas aussi bien fait quand ce sont vos enfants qui le font. Si vous contrôlez leur travail ou si vous leur faites des remarques parce que ce n'est pas « parfait », ils ne recommenceront pas. L'inconvénient, c'est qu'ils en déduisent que vous êtes une éternelle insatisfaite, mais aussi qu'eux-mêmes sont « imparfaits », « incapables », « maladroits », « n'ayant pas le sens de l'effort », « fainéants », etc., avec les conséquences que vous savez sur leur estime de soi.

Écouter dès le premier âge

Le petit enfant dépend entièrement de ses parents qui sont en charge de satisfaire ses besoins, comme le besoin de nourriture, sans lequel il ne peut survivre. Le seul langage que le bébé ait trouvé pour exprimer ses besoins, ce sont les pleurs. Il ne pleure pas de la même façon s'il a faim (besoin de nourriture), s'il a mal (besoin de réconfort), ou s'il veut sentir la présence de sa maman (besoin de sécurité et d'amour) Ce sont quatre besoins différents.

Un bébé qui pleure sans que personne ne réagisse à ses pleurs finira par se résigner et ne plus pleurer. Il niera très tôt ses besoins. Une maman se vantait que son bébé ne pleurait jamais, d'ailleurs elle le laissait seul à la maison quand elle allait faire ses courses ou quand elle allait chercher ses autres enfants à l'école. Ce bébé a compris très tôt que cela ne servait à rien de pleurer. Il apprit ainsi à ne pas demander et à ne pas compter sur les autres.

Un jour, lors d'une visite, je rencontrai un tout petit bébé qui hurlait. La maman le prenait dans ses bras, le berçait, lui donnait la tétine, les grands frères prenaient le relais, rien n'y faisait. J'observais la situation qui était tendue. La maman semblait épuisée et découragée. Je lui demandai ce qui se passait ? L'air désespéré elle me répondit que, depuis sa naissance, il pleurait jour et nuit. Je m'inquiétai :

— Est-ce que ce bébé souffre ?

— On m'a dit que non, mais il a un rein qui ne fonctionne pas et on doit l'opérer. Demain nous avons rendez-vous avec le spécialiste, moi je suis stressée par cette opération.

— Lui avez-vous expliqué, à votre bébé ?

— Non, il ne peut pas comprendre, il est si petit.

J'ai pris ce petit bébé dans mes bras et en le regardant avec beaucoup de douceur, sur un ton de voix rassurant, je lui ai dit :

— Bonjour, petit Jules, je suis Christiane, ta maman vient de m'expliquer ce qui t'arrive. Elle est inquiète pour toi, elle va t'emmener voir le médecin qui va te soigner *(le bébé m'écoute, il s'arrête de pleurer)*, j'ai l'impression que tu as mal, on va te soulager.

En lui parlant, je le caressais doucement. La maman ainsi que les frères surpris me regardèrent interloqués.

— Est-ce qu'il va recommencer à pleurer ?

— Je n'en sais rien, pour l'instant il est calmé et a l'air rassuré. Il avait besoin de réconfort.

Il a été opéré rapidement, depuis il se porte bien.

Les bébés ne comprennent probablement pas le sens des mots, mais perçoivent le ton de la voix et les gestes qui les rassurent.

N'hésitez pas à leur parler avec douceur en les regardant et en les caressant, ils sont très sensibles au toucher.

Au fur et à mesure que l'enfant grandit, le parent lui apprend à rencontrer ses besoins, à manger seul et à demander à manger lorsqu'il a faim avec un langage approprié pour devenir peu à peu autonome. Même s'il le fait maladroitement, laissez-le essayer de s'habiller seul, encouragez-le, il va apprendre à satisfaire son besoin d'autonomie.

S'il s'entend dire : « Arrête de demander, c'est impoli », « tu es fatiguant tu réclames tout le temps », « tu n'es jamais content, il t'en faut toujours plus », « Moi à ton âge, je n'avais pas intérêt à demander », il réprimera très tôt ses besoins et ses émotions.

Exprimer ses émotions

Les enfants ne savent pas ce qu'ils ressentent jusqu'à ce qu'on leur apprenne à nommer correctement ce qu'ils éprouvent. Votre rôle en tant que parent ou éducateur est de les amener très tôt à identifier et à nommer les sensations et les émotions qu'ils ressentent dans leur corps, de façon précise.

Une **émotion** est une réponse physiologique naturelle de l'organisme à un stimulus, que celui-ci soit externe (ce qui se passe autour de nous) ou interne (ce que nous nous disons dans notre tête). Dans les deux cas, c'est l'interprétation que la personne fait qui provoque l'émotion.

Le **sentiment,** proche de l'émotion, est un phénomène psychologique qui suppose une élaboration mentale plus conscientisée.

Le scientifique Paul Ekman a parcouru le monde et a identifié six émotions communes à toute la planète : la tristesse, la peur, la colère, le dégoût, la surprise et la joie. Il a constaté que chacune de ces six émotions avait ses particularités et des fonctions particulières qu'on retrouvait dans toutes les cultures. Dans ce livre, je les appelle également « *états internes* ».

Les émotions sont intimement liées aux besoins. Lorsque vos besoins sont satisfaits vous pouvez vous sentir gai, détendu, apaisé, amoureux, réjoui, rassuré, paisible, excité, calme, ému, attendri, enchanté, fier, inspiré, optimiste, serein, tranquille, content, admiratif, alerte, heureux, léger, espiègle, touché, passionné, enthousiaste, libre, bouleversé, attentif, fasciné…

Lorsque vos besoins ne sont pas satisfaits, vous pouvez vous sentir frustré, abattu, agacé, anxieux, fâché, excédé, démoralisé, déprimé, écœuré, désolé, consterné, choqué, résigné, impuissant, jaloux, las, gêné, impatient, nerveux, seul, fragile, inquiet, découragé, énervé, blessé, amer, coupable…

Bien sûr, cette liste n'est pas exhaustive.

Le mot émotion vient du verbe émouvoir qui signifie mettre en mouvement. Il est utile de reconnaître cette énergie qui vient du dedans et se manifeste lorsque nous sommes émus.

Une émotion non exprimée reste en tension dans l'organisme et risque de se transformer, à la longue, en symptôme. C'est de votre responsabilité, en tant que parent, d'apprendre tôt à l'enfant à identifier ses émotions, à les accepter, à les nommer et à les exprimer. Si vous êtes capables de les reconnaître et de les accueillir, il se sentira en sécurité.

Il doit pouvoir vous dire sa colère et savoir qu'il n'est pas obligé de vous donner satisfaction sur tout, de même qu'en exprimant sa colère il doit comprendre que vous ne lui céderez pas sur tout et que vous serez amené à lui poser des limites.

Il prendra l'habitude de vous dire sa peur pour être rassuré et de soulager sa tristesse dans les bras d'une grande personne qui le réconfortera.

Ainsi, il se **sentira aimé,** ce qui est la base de l'estime de soi.

Vous remarquerez qu'une fois l'émotion reconnue et acceptée par les deux, l'adulte et l'enfant, ce dernier passe rapidement à autre chose.

Si vous niez son émotion, il finira par se résigner, il la niera lui-même, la remplacera par une autre que vous accepterez mieux ou il continuera à la refouler jusqu'au jour où la coupe sera pleine.

Devenu adulte, il suffira d'un tout petit événement pour que des émotions saines comme la colère, la tristesse et la peur se transforment en rage, violence, haine, désespoir, angoisse qui n'ont rien à voir avec l'événement du présent.

Lorsque l'adulte est rattrapé par son passé, il l'exprime ainsi : « je ne sais pas ce qui m'a pris, je me suis comporté comme un gosse ». Il n'est jamais trop tard pour intervenir sur cet enfant du passé qui est toujours à l'intérieur de nous et qui peut tout à coup nous envahir.

Les émotions refoulées restent accrochées aux expériences du passé dans l'inconscient. La PNL propose un ensemble de techniques qui permettent d'utiliser les émotions (ou états internes) comme un fil rouge qui nous conduit directement à l'expérience passée. Je suis à chaque fois surprise quand je travaille avec un adulte sur son passé de retrouver l'événement d'autrefois avec autant de présence et de précision. Mon client est aussi surpris que moi de retrouver la scène de son enfance, scène que parfois il avait complètement oubliée.

Si vous éprouvez de trop grandes difficultés pour accueillir vos émotions et celles de votre enfant, un psychothérapeute expérimenté pourra soigner la blessure de votre enfant intérieur en tenant compte du besoin qui avait été ignoré par les adultes d'autrefois. Comme le disait Milton Erickson : « il n'est jamais trop tard pour avoir une deuxième enfance heureuse ».

En effet, quand les parents ont pris l'habitude de ne pas exprimer leurs émotions et leurs besoins, lorsqu'ils vivent anesthésiés, coupés d'eux-mêmes, il leur est difficile d'apprendre à leurs enfants à exprimer leurs émotions. Ces parents-là devront réapprendre à communiquer au plan émotionnel. Il existe d'ailleurs des séminaires spécifiques : « la grammaire émotionnelle » (I. Filliozat) ou « la communication non violente » (M. Rosenberg) et des livres comme celui de Steiner (*L'ABC des émotions*).

D'autres parents ont peur d'être débordés. Leur propre passé réactivé par les émotions de leurs enfants les empêche de réagir de façon simple et appropriée. Pour se protéger, ils risquent de choisir de les nier.

En général, à l'adolescence, ce qui n'a pas été réglé dans la petite enfance resurgit avec force, par exemple dans des jeux de pouvoir. Le parent retrouve à travers son adolescent sa propre adolescence et ses relations difficiles avec ses propres parents. C'est comme si l'adolescent donnait une chance à ses parents de retourner dans leur passé pour faire grandir une partie d'eux-mêmes, stoppée dans sa croissance.

Quoi qu'il en soit, il est intéressant de faire le lien entre notre propre adolescence et l'adolescent qui est aujourd'hui devant nous.

Apprendre aux enfants à être à l'aise avec leurs émotions

Apprenez-leur très tôt à développer l'acuité corps-esprit, à repérer ce qui se passe à l'intérieur de soi, le signal qui dit que ça va, le signal qui dit que ça ne va pas émotionnellement.

Je demande aux petits enfants : « quand tu es triste, c'est comment dans ton corps ? Montre-moi où, dessine-moi ton corps. » Je pose la même question concernant la peur et la colère. Ils font très vite la distinction entre ces trois émotions.

Les régions du corps varient selon chaque enfant et se situent souvent au niveau du ventre, de la gorge, de la poitrine. Pour l'un la peur se situera dans le ventre, pour l'autre plutôt dans la poitrine ou ailleurs.

Lorsque l'enfant a du mal à exprimer ses émotions avec ses « mots », le corps l'exprime avec ses « maux ». Les émotions refoulées créent des tensions qui s'accumulent dans l'organisme pour se transformer en symptôme. C'est le corps qui tente de dire et le corps ne ment jamais.

Un jeune garçon de 8 ans me dessine son corps avec une « bombe » à la place du cœur. Il m'explique que c'est la « guerre » à la maison, papa et maman se disputent souvent, on parle de séparation. Il a peur et son cœur tape très fort quand ça se produit. Il fait des cauchemars de guerre. Symboliquement il va « exploser ». Pendant plusieurs mois, il est venu déposer ses angoisses dans mon cabinet. La pâte à modeler, le dessin, taper sur les coussins lui ont permis d'exprimer physiquement ce qu'il ressentait. Aujourd'hui il va bien.

La violence contenue finit toujours par produire des dégâts et, souvent, explose sous forme de « bombe » au sens propre ou au sens figuré.

Parfois, l'enfant détourne le conflit des parents en tombant malade. Au moins pendant qu'ils me soigneront, ils ne se disputeront plus espère-t-il. Ou encore, si je suis malade, maman n'ira pas travailler, elle restera à la maison pour s'occuper de moi, c'était ce qu'avait trouvé l'un de mes fils pour ne pas aller à l'école. Je lui ai expliqué que je devais travailler pour acheter à manger, payer le loyer et aussi lui offrir des cadeaux, je comprenais qu'il soit triste et aussi en colère. Ce dont il avait besoin c'est que je sois plus souvent à la maison, je l'avais entendu et je m'organisai pour être plus présente.

Prenez l'habitude de leur faire dire : « **je me sens... parce que j'ai besoin de**... » pour éviter qu'ils trouvent des moyens détournés pour exprimer leurs émotions et leurs besoins.

Si l'enfant a pris l'habitude de le faire, il communiquera de façon authentique et sans retenue avec ses parents. À l'adolescence, il continuera à parler cœur à cœur avec eux en toute confiance.

La plupart des adultes qui ont une bonne estime de soi le permettent car ils n'ont pas peur des émotions des adolescents, ils ne craignent pas d'être dépassés.

Si un adolescent boude, provoque, agresse, manifeste sa mauvaise humeur, se replie, s'isole, se cache des sentiments qu'il n'arrive pas à exprimer, c'est qu'il a un, voire plusieurs, besoins ignorés. Rappelez-vous que derrière tout comportement, il y a une intention positive et que cette intention positive concerne un besoin.

Philippe, 15 ans, se traite de « méchant ».

— C'est quoi être méchant ?

— Parfois alors que je me sens bien avec ma petite amie, je ne sais pas ce qui me prend, d'un seul coup, je l'envoie promener méchamment, je boude pendant plusieurs heures et après je m'en veux.

— Si j'ai bien compris, une partie de toi, à un moment s'énerve, tu deviens agressif, et le résultat, c'est que tu boudes pendant plusieurs heures.

— Oui je lui dis des paroles blessantes et je peux rester une journée sans lui parler.

— Qu'y a-t-il de positif dans ton mutisme qui dure une journée ? (Philippe connaît la PNL, il a déjà participé à un de mes séminaires).

— Je suis tranquille, on me fout la paix, je fais ce que je veux. (Il sourit, il vient de trouver l'intention positive de ses comportements « méchants »).

— Ce que tu cherches, c'est avoir la paix, être tranquille pour pouvoir faire ce que tu veux ?

— Oui, parce qu'elle est trop collante, au bout d'un moment, j'étouffe, elle me dit un mot qui me fait réagir et c'est trop tard. Elle est comme ma mère qui ne me lâche pas les baskets, au bout d'un moment je pète les plombs.

— Comment peux-tu t'y prendre pour avoir des moments de tranquillité, de paix, où tu fais ce que tu veux sans blesser ta petite amie ? (Je renomme l'intention positive : besoin de tranquillité, de paix, je fais ce que je veux : liberté).

— Je peux aller faire une heure d'équitation, ou aller me promener avec mon chien et là je fais ce que je veux, ils ne me posent pas de questions ;

— Tu peux l'expliquer à ta petite amie la prochaine fois que tu la verras ?

— Oui pas de problème.

— À quel moment tu t'aperçois que sa pression t'irrite ? Quel est le premier signal ?

— Mes mains se mettent à trembler. *(Pour Philippe, c'est un signal ; la colère se manifeste lorsqu'il est frustré parce que son besoin de tranquillité n'est pas satisfait.)*

Je lui propose de repérer le signal de son corps le plus tôt possible de façon à exprimer son irritation ou sa colère, au lieu d'attendre qu'elle se transforme en violence verbale. Il est suffisamment responsable et mature pour prendre en charge ses besoins.

Vous êtes adultes aujourd'hui, avez-vous repéré dans votre corps où se manifestent la colère, la peur, la tristesse, la joie ? Pour ma part, lorsque je ressens la joie, c'est une expansion dans la poitrine, une chaleur dans le ventre, je ressens un bonheur intense et j'ai envie de crier de joie, comme disent les jeunes « yes ! ». C'est une partie de moi qui me dit : « Oui, c'est bon pour toi ! »

Lorsque j'ai peur, j'ai le cœur qui bat plus vite, il cogne dans ma poitrine pour me prévenir d'être vigilante, de choisir les mots justes pour ma conférence par exemple, c'est une partie de moi qui a une intention positive : me protéger, c'est un besoin de sécurité. Pourquoi la blâmer, alors qu'elle me veut du bien ? Dès que je sens mon cœur s'accélérer, j'identifie l'état interne : la peur, je la reconnais, l'accepte et si possible je l'exprime. C'est d'ailleurs très souvent possible de l'exprimer. Une fois reconnu, ce ressenti, ou cet état interne, se calme et disparaît pour passer à un autre état interne. Nous n'expérimentons pas deux états internes différents en même temps, nous passons de l'un à l'autre toute la journée et parfois très rapidement.

Il en va de même pour la tristesse. Si je retiens mes larmes, ma gorge se contracte, c'est très douloureux. J'ai compris pourquoi je faisais tant d'angines à l'adolescence. J'ai appris très tôt à ne pas pleurer parce que je m'étais entendue dire, « tu n'es pas belle quand tu pleures » et « elle est courageuse, elle ne pleure pas ! », j'en ai vite conclu que pour être belle et pour être forte, je ne devais plus pleurer. Cela a tenu assez longtemps jusqu'au jour où je me suis sentie libre et soulagée de pleurer, cela n'altérait en rien la beauté, j'étais forte et je n'ai plus eu d'angines.

Bannir la répression des émotions

Beaucoup d'expressions utilisées dans le langage courant, incitent à réprimer ses émotions. Pour un enfant, j'ai déjà entendu : « une fille ça ne se met pas en colère » ou « tu pleures pour rien, tu veux vraiment pleurer pour quelque chose ? » plutôt que de recevoir une gifle, l'enfant choisit de ne pas pleurer. « Si tu veux devenir un homme tu ne dois pas pleurer », quel dommage ! un homme sensible n'en est pas moins viril.

Si un enfant tombe ou se fait mal : « tu n'as pas mal, ce n'est rien du tout » qui sait s'il a mal : vous ou lui ? vous lui apprenez ainsi à tenir compte de l'avis de l'autre au lieu d'apprendre à tenir compte de ce qu'il ressent. Désormais, ce sont les autres qui sauront pour lui, pas étonnant que plus tard quand on lui demandera : « qu'est-ce que tu veux faire après ton bac ? » il réponde : « je ne sais pas », il pourrait répondre : « demandez à mes parents ».

J'entends souvent en consultation l'expression : « j'ai pris sur moi », dite parfois avec une certaine fierté. Comment peut-on se vanter de « prendre » sur soi ? On croit être fort, en réalité on le paye en énergie, en fatigue, en tensions, en insomnie, en accidents, en conflits, en maladie. On met la *pression* sur nos émotions pour les refouler davantage, on le paye en hypertension (*pression* artérielle) et, en *dépression nerveuse*. Dans la dépression, il y a de la colère retournée contre soi. C'est une partie de l'individu qui se bat pour que l'autre partie se taise. La personne vit dans un conflit interne permanent, il y a de quoi être fatigué le matin en se levant. Cela coûte cher à la personne d'abord et ensuite à la société en antidépresseurs, arrêts de travail, accidents, suicides, etc.

Quand l'enfant n'a pas appris à exprimer ses émotions très tôt, il peut se retrouver à l'adolescence comme Juliette, 15 ans, à faire des angines à répétition. Elle risque de redoubler sa seconde à cause de ses absences. Elle me consulte pour la remotiver à l'école et pour un léger bégaiement.

Elle m'explique que ses parents ont divorcé quand elle avait 3 ans, elle n'en a pas souffert dit-elle, d'ailleurs ils sont restés très amis, continuent à partir en vacances ensemble pour le bonheur des enfants. Elle est dans la méconnaissance.

Un jour, elle m'annonce qu'elle doit être opérée de calculs dans les glandes salivaires. Si son mental avait oublié qu'elle avait souffert de cette séparation, c'était une façon de se protéger de sa blessure, son corps lui se souvenait et tentait de dire. Les rêves qu'elle amenait en séance étaient signifiants. Elle était prête à réparer sa blessure. Elle accepte d'interroger cette partie d'elle qui s'insurge.

Elle se tient la gorge et fond en larmes en disant qu'elle a très mal à cet endroit, elle avoue :
« Je ne voulais pas pleurer quand j'étais petite, car je ne voulais pas rajouter de la peine à maman qui était déjà très malheureuse, j'ai refoulé mes larmes et aujourd'hui elles se sont transformées en petits cailloux. »
Elle a passé de nombreuses séances à pleurer sur son enfance triste, elle a pu enfin se libérer jusqu'au jour où cela s'est arrêté. Quant au bégaiement, elle a su mettre des limites à son frère aîné qui avait tendance à lui couper la parole en se moquant d'elle la petite dernière « qui ne disait pas des choses intéressantes ». Elle a pu lui exprimer sa colère et surtout il a été capable de l'accueillir, leur relation s'est transformée.
Aujourd'hui elle a, non seulement réussi ses études, mais en plus trouvé la voie (la voix ?) qui lui convient vraiment.

Dans le cas de Juliette, on voit clairement que les émotions refoulées se sont ajoutées les unes aux autres et ont renforcé sa douleur. Combien de maux de dos, de gorge, de tête, de ventre, d'allergies pourraient être soulagés rien qu'avec l'expression des émotions. Ce message est développé de façon très intéressante par le Dr Bernie Siegel dans son ouvrage *Messages de vie*.

Apprenez à ressentir et à exprimer vos émotions. Si vous éprouvez de trop grandes difficultés, il y a de plus en plus de psychothérapeutes formés à des approches sérieuses et surtout ayant entrepris un travail approfondi sur eux-mêmes pour être capables d'accompagner les personnes dans cette démarche avec empathie pour restaurer l'estime de soi.

Ne pas confondre colère et violence

La colère était interdite parce qu'à la maison, on confondait colère et violence. Ce que nous montrait mon père, c'était de la violence, pas de la colère et j'en avais très peur. Aujourd'hui, quand je suis en colère c'est dans mon ventre que je sens l'énergie de cette émotion.

■ *Au cœur de la colère, il y a un besoin non satisfait*

La violence c'est interdit, mais la colère saine je vous encourage à l'exprimer au quotidien. Rappelez-vous : pas contre la personne, contre son comportement. Exprimer sa colère, c'est dire ce qui ne va pas avec les mots justes, le ton et l'attitude cohérents, c'est « être soi », cela nettoie et libère la relation.

À l'inverse, hurler, claquer les portes, casser la vaisselle, c'est de la violence, c'est stérile et c'est de l'énergie perdue, c'est être « hors de soi ».

Récemment, avec l'arrivée des jeux vidéo, j'ai constaté combien un enfant pouvait nier sa peur. Mon petit-fils me propose de jouer avec lui à un jeu de course-poursuite en voitures. La sienne est rouge, la mienne est bleue et nous voilà engagés virtuellement à conduire à l'envers sur une autoroute. Dès que j'ai vu une voiture arriver en face de moi à toute allure, j'ai paniqué, j'ai perdu le contrôle de ma voiture et je suis allée sur le bas-côté. Résultat, mon petit-fils continue la course tout seul, hilare d'avoir largué sa grand-mère. Stupéfaite, je constate qu'il n'avait pas peur du danger venant des voitures en face. Je réalise qu'il fait fi de sa peur et qu'il est en train de s'habituer à prendre des risques inouïs et encore pire à y trouver un certain plaisir. Ce jeu est interdit maintenant à la maison, je ne veux pas apprendre à un enfant à banaliser la peur qu'il est très utile de ressentir dans des situations de danger, quand nous sommes menacés. C'est ce qui nous pousse à nous enfuir quand il y a le feu.

Cet exemple me questionne sur la violence reçue par nos enfants aujourd'hui, à travers les jeux vidéo, les films, les informations… Aux États-Unis, on a interdit (tout de même) un jeu pour la « game boy » des juniors. Il consistait à tirer sur les enfants dans une cour d'école. Plus on en abattait, plus on gagnait de points. Sans commentaires !

Quelle société sommes-nous en train de construire ? Sans arrêt, on vante les risques extrêmes, la vitesse, on ne parle que de violence. On imagine les moyens les plus sophistiqués pour lutter contre la violence en y ajoutant un système répressif encore plus violent.

On parle de la violence **à** l'école, mais on ne parle pas de la violence **de** l'école qui ne répond pas aux besoins spécifiques de chaque enfant.

Allons plutôt voir en amont pour endiguer la violence, comme celle de certains mots venant des adultes qui accompagnent ces enfants : « tu es méchant, tu es nul, tu es un raté, un connard ! » les humiliant et les blessant à vie.

Parfois, un regard seul peut être violent. J'entends encore cette adolescente me dire : « je ne peux pas regarder ma mère dans les yeux, elle m'a toujours dit de baisser les yeux quand elle me disputait, parfois je rencontrais son regard tellement rempli de haine que j'en ai encore froid dans le dos ». Cette mère aimait sa fille pourtant, elle ne faisait que reproduire ses modèles parentaux.

Tant de violence, introjectée pendant plusieurs années, ressortira d'une façon ou d'une autre, soit en agressivité verbale ou physique envers les autres, soit en la retournant contre soi.

Investissons-nous, adultes responsables, dans les moyens de traiter notre propre violence interne, de nous réparer pour arrêter de projeter sur notre progéniture ou sur nos collègues et partenaires nos conflits du passé. Faisons la paix à l'intérieur de nous-mêmes. Restons en contact avec nos émotions saines, maintenons-nous en bonne santé globale en respectant nos besoins, soyons connectés avec notre soi (voir chapitre 8) pour trouver notre projet de vie, afin de rendre ce monde meilleur et avoir envie d'y vivre.

Répondre aux besoins de l'adolescent pour qu'il ait une bonne estime de soi

Il nous faut comprendre qu'il a besoin de se séparer de ses parents, de s'affirmer, de devenir autonome, d'appartenir à un groupe, de faire des expériences, de se réaliser, d'être reconnu et d'avoir son espace, tout en ayant des limites. Il cherche à se définir et le fait avec maladresse, avec provocation. Les parents qui comprennent ces besoins fondamentaux aident plus facilement leur adolescent à prendre son envol. Cela ne les empêche pas d'avoir des attentes en tenant compte de la personne en pleine transformation qui se tient devant eux maintenant.

Vous pouvez ne pas apprécier ses comportements, ses vêtements, ses goûts, mais vous vous devez d'être sincères. Ne faites pas semblant d'aimer ses choix vestimentaires, ne le ridiculisez pas et surtout ne l'humiliez pas. Sa recherche d'identité passe par cette originalité.

Une façon de l'aider à rencontrer ses besoins sera de trouver l'intention positive de ses comportements et de favoriser l'expression de ses émotions.

Connaître son passé pour avancer vers l'avenir

L'adolescent a un besoin fondamental d'être en relation avec les autres et de se relier à lui-même. Le sentiment d'appartenance s'acquiert d'abord au sein de la famille.

L'adolescent a besoin de trouver sa place dans sa famille pour trouver sa place dans la société. Faites-le participer à des activités familiales pour qu'il sente son appartenance. Les fêtes de famille, baptêmes, communions, mariages, anniversaires, ou les fêtes religieuses sont des occasions pour se retrouver. L'adolescent a souvent tendance à les bouder, il préfère être avec ses copains. Expliquez-lui que la famille est importante pour vous, que c'est l'une des valeurs que vous voulez lui transmettre. Il coopérera davantage s'il en comprend le sens. Une autre façon de garder le lien est de lui raconter l'histoire de votre famille. Sortez les albums photos, laissez-le vous poser des questions, soyez attentifs à ses émotions. C'est aussi l'occasion de communiquer avec lui sur ce qui l'intéresse : son histoire.

Rachel, 14 ans, me consulte avec sa mère qui m'expose la situation qui pose problème à la maison :

— Elle ne supporte pas son frère qui a 3 ans de moins qu'elle, elle le déteste. Cette situation crée beaucoup de conflits ; et, en plus, elle nous oblige à fermer les portes et les fenêtres de la maison car elle a peur que les voisins nous entendent ; quand il fait chaud, on étouffe.

Pendant que sa mère me parle, j'observe Rachel qui me regarde en levant les yeux au ciel. Son expression « non verbale » montre un agacement certain face aux propos de sa mère.

À la séance suivante, elle vient seule, son propre comportement l'inquiète, elle me demande : « est-ce que je suis normale ? »

Je décide de monter le génogramme (arbre généalogique de la famille) sur le tableau papier. Je me rends compte qu'elle connaît mal l'histoire de sa famille. Je lui demande de s'informer auprès de ses parents, de leur poser des questions sur leurs propres parents et leurs grands-parents et de leur demander comment ils se sont connus, quels métiers avaient-ils ? d'où viennent-ils, quelle est leur origine ?

Lorsqu'elle revient à la séance suivante, elle me demande si j'accepte que sa mère assiste à l'entretien, celle-ci souhaite expliquer à sa fille l'histoire de sa famille en ma présence. La mère commence :

— Ma grand-mère maternelle s'appelait Rachel.

Rachel l'interrompt :

— Tu m'as toujours dit qu'elle s'appelait Adélaïde !

— Adélaïde c'est le nom que ses parents lui ont donné au moment de la guerre pour lui éviter la déportation, elle était juive, ils l'ont baptisée Adélaïde. Elle poursuit : « j'adorais ma grand-mère, je me rappelle quand j'allais chez elle, elle nous répétait : fermez les portes et les fenêtres, il ne faut pas qu'on sache qu'on est juifs, on va allumer les bougies ».

J'observe Rachel, elle est pâle, elle s'adresse à sa mère :

— Pourquoi tu ne m'as jamais dit cela ?

Rachel apprend ainsi qu'elle porte le prénom de son arrière-grand-mère maternelle qui a échappé à la déportation et qui a joué un rôle très important dans la vie de sa mère, il y a eu un lien très fort entre elles, or sa mère ne lui en parle jamais.

Elle relie elle-même ses comportements à l'histoire de son arrière-grand-mère dont elle porte le prénom. Cette prise de conscience lui fait comprendre qu'elle n'est pas « anormale ». Elle est rassurée, elle cesse d'être obsédée par la fermeture des portes et des fenêtres, c'est l'histoire de son arrière-grand-mère, elle peut faire la part des choses.

Elle retrouvera confiance en elle.

Les fantômes des grands-parents, arrières grands-parents peuvent hanter la relation parents-enfants. La génération actuelle porte le poids des générations précédentes, qui peut être plus ou moins lourd.

Rachel apprend aussi que, non seulement son père est en conflit avec sa propre sœur, mais que sa grand-mère maternelle a aussi un conflit très dur avec son frère. Dans les deux cas, ils ont les mêmes écarts d'âge qu'entre elle et son frère. Autrement dit, elle « appelle » les générations précédentes à régler leurs conflits. Plus tard sa relation avec son frère va se normaliser.

Dès que possible, avant l'adolescence, les enfants ont besoin de savoir d'où ils viennent, qui ils sont et pourquoi leurs parents ont choisi leur prénom. Je vous invite à construire un arbre généalogique avec eux, illustré, si possible, par des photos et de prendre du temps pour expliquer l'histoire de la famille. Combien de « mal-être » sont dus à l'ignorance, aux non-dits, aux secrets de famille, aux « mésalliances », aux prénoms d'ancêtres morts donnés sans explication à des enfants qui portent parfois ces fardeaux sur leurs jeunes épaules.

Si vous suspectez l'existence de secrets dans votre famille, faites des recherches, interrogez les membres de la famille qui seraient susceptibles de vous renseigner. Peut-être que vos parents ont honte d'un secret ou ne mesurent pas l'impact négatif de son maintien. Attention, les choses doivent être révélées progressivement en respectant l'équilibre des uns et des autres.

Si vous ne vous sentez pas prêt à révéler ce secret à votre enfant tout seul, faites-vous aider par un professionnel qui a l'habitude de travailler avec les familles et sait gérer les conflits familiaux. Il vaut mieux connaître la vérité, même si elle n'est pas agréable à entendre, plutôt que de s'imaginer le pire, ou encore de s'imaginer qu'on n'est pas « normal » ou que sais-je encore ? Le fantasme est souvent pire que la réalité.

C'est une phrase que j'entends souvent chez les jeunes qui me consultent : « Madame, je ne dois pas être normal(e). » Nous, parents ou professionnels, nous sommes là pour leur permettre de mettre des « mots » sur leurs « maux », mais beaucoup de souffrance et de perte de confiance en soi seraient évitées si les parents parlaient d'eux et de leur histoire.

Connaître son passé, l'histoire de sa famille, permet à l'adolescent d'avancer vers son avenir.

Lorsque Amélie m'a consultée, elle terminait ses études d'ostéopathe, elle se plaignait de ne pas être capable de rester seule chez elle. Elle craignait d'avoir un problème, un malaise, d'être malade ou même de mourir et qu'on l'oublie. Elle se débrouillait pour ne pas être seule chez elle. Elle allait dormir chez des copines ou elle les invitait à dormir chez elle.

Je l'interroge sur l'histoire de sa famille. Elle me dit qu'elle vient d'apprendre que lorsque son père avait 10 ans, il avait une petite sœur de 5 ans plus jeune que lui, morte en 24 heures des suites d'une rougeole. Elle a été enterrée sans qu'on lui donne la moindre explication. Ce jeune garçon d'une dizaine d'années n'a plus vu, ni entendu parler de sa petite sœur du jour au lendemain. Devant un tel déni, il s'est imaginé le pire dans sa tête. Il n'a jamais parlé de sa petite sœur à Amélie, mais leurs inconscients ont communiqué malgré tout. À travers son symptôme, Amélie portait la souffrance de son père.

Quand elle a fait le rapprochement entre la disparition brutale de cette petite fille et son symptôme, elle a cessé d'avoir peur de rester chez elle seule, de mourir et qu'on l'oublie. Elle a même commencé à apprécier la solitude.

À la fin de ses études d'ostéopathe, elle m'a annoncé qu'elle avait choisi comme sujet de mémoire : « les membres fantômes ». Je souris, elle me demande pourquoi ?

« Le membre fantôme n'était-il pas le sujet central de ta thérapie ? »

On voit ici, dans l'exemple d'Amélie, que les non-dits et l'absence sont très présents. Ce qui est caché est passé sous silence parce que c'est trop douloureux. Souvent, c'est la génération suivante qui questionne la génération précédente à travers des symptômes.

Faire ensemble

À l'adolescence, ce n'est plus le temps d'**être** ensemble, mais de **faire** ensemble. Vivez avec lui des relations de complicité comme : aller au cinéma, au restaurant, voir un spectacle, un match, faire du shopping, du bricolage ou du sport. Parlez-en après et partagez son plaisir. Pour créer des liens, faites des choses avec lui, par exemple :

- organisez avec lui une fête de famille en lui en confiant une partie que vous aurez décidée ensemble ;

- confiez-lui certaines tâches domestiques (mais pas celles qu'il déteste). Définissez et répartissez les rôles de chacun. Faites le point régulièrement et écoutez ses suggestions pour qu'il ait toujours envie d'y participer.

Il se peut que cela ne se passe pas comme vous le voulez. N'insistez pas sur ses ratés, ne montrez pas votre déception. Parlez-en, encouragez-le et soutenez ses efforts.

Les adolescents sont plutôt centrés sur eux-mêmes et leur groupe de copains que sur la famille, c'est normal. Ne démissionnez pas pour autant, vous êtes là pour les aider à tenir compte des autres, même lorsqu'ils ont des attentes différentes.

Le lien avec ses amis

L'avis de ses amis compte souvent plus que l'avis de ses parents et cette relation contribue à installer la confiance en soi. L'adolescent a besoin d'appartenir à un groupe auquel il s'identifie en utilisant le même langage, les mêmes attitudes, les mêmes vêtements. Ne critiquez pas ses amis, ils lui ressemblent, c'est lui que vous critiqueriez indirectement. Il veut être conforme au groupe et en même temps il veut s'en différencier pour trouver son identité. Cherchez plutôt à les connaître et favorisez les rencontres avec eux, sans pour autant vous mêler de leurs conversations.

L'adolescence c'est la période des expériences, le groupe participe à ces découvertes. Ne soyez pas inquiets, vous lui avez transmis les limites, il saura où s'arrêter et bien souvent le groupe le lui rappellera.

L'adolescent qui n'a pas confiance en lui a du mal à se faire des amis, c'était peut-être déjà le cas pendant l'enfance. S'il s'isole, parlez-en avec lui, demandez-lui pourquoi. A-t-il peur de s'affirmer, d'être jugé, de ne pas être aimé pour qui il est ? Ne lui reprochez pas d'avoir des difficultés relationnelles, aidez-le plutôt à comprendre et à trouver des solutions.

Les comportements avec les amis

Dans la liste des comportements suivants, trouvez quelques exemples concrets qui correspondent peut-être à des expériences qu'il a déjà vécues dans sa vie et encouragez-le à croire :

- que ses amis apprécient sa présence.
- que ses amis l'acceptent comme il est.
- qu'il est capable de s'affirmer devant un groupe.
- que les autres l'écoutent et s'intéressent à son opinion.
- qu'il peut ne pas être toujours d'accord avec eux.
- qu'il peut compter sur le soutien de ses amis.
- qu'il ne sera pas rejeté s'il n'est pas d'accord avec eux.
- qu'il peut continuer à être lui-même à l'intérieur du groupe.
- que ses amis peuvent l'aider à résoudre ses problèmes.
- que ses amis sont sincères et solidaires.
- qu'il est capable d'écouter les autres et de s'intéresser à eux.
- qu'il fera toujours partie de la famille, même s'il préfère être avec ses amis.
- qu'il ne sera pas contrôlé s'il participe aux activités de son groupe d'amis.
- qu'il gagnera à bien connaître des amis.

Le sentiment d'appartenance est un besoin essentiel à l'adolescence. L'aider à trouver sa place dans un groupe d'amis, c'est le préparer à une vie sociale épanouie.

Reconnaître l'intention positive d'un comportement limitant

En tant que parent, je vous propose de faire l'exercice suivant pour reconnaître l'intention positive d'un de vos comportements limitants.

Exercice pour reconnaître l'intention positive d'un comportement limitant

Trouvez un comportement que vous n'aimez pas : quelque chose que vous faites et que vous ne voudriez pas faire (vous ronger les ongles, vous mettre en colère, etc.) ou quelque chose que vous ne faites pas et que vous voudriez faire (du sport, ranger votre chambre, vos papiers, etc.).

Fermez les yeux et rentrez en contact avec cette partie de vous-même qui vous pousse à agir de cette façon et remerciez-la **sincèrement** pour son intention positive, même si vous ne la connaissez pas encore.

Demandez maintenant à cette partie de vous qui est responsable du comportement : « S'il te plaît, veux-tu me dire quelle est ta bonne intention ? » ou « Que fais-tu de bon pour moi lorsque tu fais cela ? »

Attention, ne cherchez pas à faire des hypothèses ou des suppositions. Contentez-vous d'écouter la réponse qui se présente spontanément.

Remerciez la partie pour son intention positive et demandez-vous comment la satisfaire à l'avenir autrement.

POINTS CLÉS

- Un comportement insatisfaisant correspond à un besoin non satisfait. En identifiant ce besoin, il est possible de trouver des comportements plus appropriés.
- L'adolescence est marquée par des besoins spécifiques de recherche identitaire, de séparation, d'autonomie, d'avoir son espace, d'appartenir à un groupe et d'être reconnu.
- Ne critiquez pas les amis de votre adolescent, ils lui ressemblent, c'est lui que vous critiqueriez ; cherchez plutôt à les connaître et à les rencontrer.

CHAPITRE 3

S'affirmer – l'effet boule-de-neige

Plus je m'estime, plus je m'accepte, mieux je m'affirme, plus j'ai confiance en moi, plus…

Les trois préalables à l'affirmation de soi

L'adolescent a besoin de s'affirmer pour devenir autonome et de s'appuyer sur des modèles. Il s'identifiera aux personnes qu'il admire et qu'il respecte comme par exemple ses parents, un de ses professeurs, un ami, un frère ou une sœur aînée…

S'affirmer, c'est d'abord manifester son droit d'exister pleinement. C'est manifester son estime de soi par la parole, les comportements, l'expression des sentiments dans la relation aux autres.

Vous avez fait des erreurs. « Ce n'est pas de votre faute, c'est de votre fait » disait F. Dolto. Vous avez fait de votre mieux, ne culpabilisez pas aujourd'hui pour vos erreurs du passé. Vos enfants se sont aussi construits à partir de vos manques, ils ont les ressources pour évoluer ou tout au moins les capacités pour les acquérir. Faites-leur confiance.

Si vous avez eu plusieurs enfants, vous n'avez pas été le même parent avec chacun car vous avez évolué, et cela a contribué à les rendre uniques. Vous avez appris le métier de parent « sur le terrain » et votre premier vous a permis d'intégrer des notions que vous ne connaissiez pas avant son arrivée. Vous n'avez peut être pas reproduit les mêmes erreurs avec le second.

Apprendre à s'aimer et à s'estimer

Arrêter de se critiquer et de se blâmer est non seulement essentiel, mais aide aussi à cesser de critiquer les autres. Quand vous vous surprenez en train de le faire, trouvez une astuce pour arrêter cette fâcheuse habitude. Je demande à mes clients de s'acheter une tirelire et d'y mettre 1 euro à chaque fois qu'ils disent du mal d'eux. En général, ils arrêtent vite de se dévaloriser.

Il ne suffit pas d'arrêter de se critiquer, il faut aussi ressentir l'amour pour soi-même, avoir de la gratitude pour qui vous êtes.

Se reconnaître comme une personne unique

Trouvez ce qui vous rend unique, ce qui ne consiste pas à se croire parfait et au-dessus des autres. Vous pourrez l'approfondir dans la troisième partie sur votre projet de vie et en vous connectant à votre « soi ».

C'est aussi reconnaître cette unicité chez les autres. Quand vous rencontrez quelqu'un, soyez curieux de découvrir ce qui le rend unique et peut-être le partager avec lui. Sur le plan physique au début : ses yeux, son sourire…, puis si vous le connaissez mieux, un trait de caractère qui le personnalise, ou une de ses qualités qui le singularise.

Reconnaître ses forces et ses faiblesses

Reconnaître son expertise, son talent, ses ressources, c'est aussi accepter d'être imparfait, et de savoir que l'on est perfectible. C'est devenir votre meilleur ami, en vous rappelant que les parties de vous que vous n'aimez pas ont une intention positive, un besoin à satisfaire. Il n'y a pas d'échec, il n'y a que des erreurs qui nous rendent plus intelligent.

Ayez la même attitude avec les autres. Soutenez leurs ressources, valorisez leurs talents.

Quelques comportements d'affirmation de soi

■ *Exprimer ses émotions au quotidien, y compris ses émotions douloureuses*

Une émotion c'est une réponse physiologique naturelle de l'organisme à un stimulus, par exemple : « Je me sens fatiguée parce que j'ai beaucoup travaillé, j'ai besoin de repos » ou « je suis contrariée parce que j'ai besoin de te faire confiance et de pouvoir compter sur toi ». Enrichissez votre vocabulaire d'une gamme d'émotions précises au lieu de dire : « je me sens bien ou mal » dites : « je me sens heureuse, joyeuse, ou triste, découragée » (voir la liste des émotions au chapitre 2).

■ *Exprimer ses besoins et faire le nécessaire pour les satisfaire*

Exprimez vos besoins sans avoir peur d'être jugé, apprenez à les identifier et à les nommer. Le sentiment ou l'émotion qui se manifeste lorsqu'un besoin n'est pas satisfait vous indique précisément de quel besoin il s'agit.

Par exemple, vous êtes inquiet parce que votre adolescent ne respecte pas les horaires sur lesquels vous vous êtes mis d'accord. Votre besoin est peut-être d'être rassuré, le sien c'est peut-être que vous lui fassiez confiance. Parlez-en avec lui, en nommant les besoins réciproques ; vous engagez alors une relation de cœur à cœur avec lui.

■ *Être capable de prendre des décisions*

Prendre des initiatives, se fixer des objectifs et les mener jusqu'au bout renforce l'estime de soi. Vous témoignez ainsi par l'exemple auprès de votre adolescent pour l'amener à prendre des initiatives et avoir des projets.

Parler de soi de façon élogieuse

Parlez de vous avec fierté sans arrogance ni orgueil. Reconnaissez vos réalisations et valorisez-les. Faites la même chose avec votre adolescent et apprenez-lui à être fier de ses réalisations.

Faire ses propres choix et en assumer les conséquences

Après avoir pesé le pour et le contre, c'est être capable de se dire : c'est cela mon choix et **décider que c'est le bon choix** définitivement. Inutile d'avoir des regrets, il vous appartiendra de vous prouver que vous avez raison en faisant le nécessaire pour mener vos projets à bien.

Il n'y a pas de « bon » ou de « mauvais » choix *a priori*. Si vous hésitez c'est que chacun des choix possibles a ses avantages et ses inconvénients. Choisissez toujours celui qui a le plus d'avantages et, surtout celui dont vous pouvez maîtriser ou assumer les inconvénients.

S'autoriser à dire non lorsque nous pensons non, pour que le oui soit un vrai oui

Chaque fois que vous dites oui à quelqu'un alors que vous avez envie de lui dire non, c'est vous-même que vous reniez. Exercez-vous à dire non avec courtoisie, sans vous justifier, ni rentrer dans des périphrases compliquées qui trahiront votre malaise.

Penser par soi-même et maintenir son point de vue, même si les autres pensent autrement

Ne vous laissez pas influencer par ceux qui ont un avis différent et qui veulent vous convaincre qu'ils ont raison. Répondez leur calmement : « Je comprends votre point de vue, vous avez le droit de penser cela et je ne partage pas votre avis. »

Dire calmement la vérité plutôt que de trouver des excuses

Quelqu'un vous invite au cinéma et vous n'avez pas envie de sortir. Vous pouvez lui répondre que ce soir vous avez prévu autre chose, sans vous justifier ou vous expliquer davantage. Ce n'est pas la peine de trouver des excuses du genre : « mon cousin que je n'ai pas vu depuis deux ans est de passage, ou je ne suis pas en forme, je couve la grippe ». Elles peuvent devenir une prophétie et plus on se justifie, plus on plaide coupable.

■ *Demander directement et clairement ce dont vous avez besoin ou qui vous fait plaisir*

Cela peut inclure un service ou des compliments qui gardent leur valeur, contrairement à ce que beaucoup de personnes pensent. Nul ne peut savoir ce qui vous fait plaisir à un moment précis si vous ne le dites pas. Vous n'obtiendrez pas tout ce que vous demandez, mais si vous ne demandez rien, vous n'obtiendrez probablement rien du tout.

Pour faciliter la vie à mes enfants quand ils veulent m'offrir un cadeau, comme j'ai toujours des livres à acheter, j'ai fait une liste de ceux dont j'ai besoin. Il m'arrive de rajouter un parfum ou autre chose qui me ferait plaisir. L'effet surprise est toujours là car je ne sais pas ce qu'ils auront retenu de la liste.

Apprenez aussi à demander de l'aide ou du soutien en choisissant la bonne personne, pour la bonne chose, au bon moment et au bon endroit en vous rappelant qu'elle a le droit de dire non. C'est d'ailleurs valable pour n'importe quelle demande, l'autre peut répondre non. Attention, cela ne veut pas dire qu'il ne vous aime pas ou qu'il vous rejette. Il applique tout simplement le B.A. BA de l'affirmation de soi !

■ *Dire merci avec simplicité*

Acceptez les marques d'attention et d'affection. Dites simplement « merci » avec chaleur. Quand on vous fait des compliments, qu'on vous montre de la tendresse, acceptez-les et nourrissez-vous de ces manifestations.

Il m'a fallu apprendre à recevoir les compliments. Quand on me félicitait sur une nouvelle robe, j'avais tendance à répondre « Merci, je l'ai achetée en solde », je dévalorisais ainsi le compliment.

Un geste m'a beaucoup aidée à me l'approprier. En disant merci, je mets ma main sur ma poitrine pour mettre le compliment directement dans mon cœur, l'énergie interne est très différente et renforce mon estime de soi.

■ *Ne pas se laisser interrompre et se manifester sans agressivité*

Si quelqu'un vous interrompt, marquez un temps d'arrêt, et avec calme et bienveillance, demandez-lui s'il permet que vous poursuiviez votre phrase.

■ *Faire face aux critiques négatives, aux phrases blessantes, à l'indifférence en gardant son calme*

Si quelqu'un vous traite d'imbécile, il n'exprime que son propre avis. Avec calme répondez-lui en souriant : « c'est un avis que je ne partage pas ».

Mieux encore, demandez-lui ce qui lui fait penser ça. S'il répond : « tu as dit ou fait ceci et cela prouve que tu es un imbécile ». Vous comprendrez les méandres de sa pensée. La preuve en question ne vous convaincra probablement pas. Cette personne ne fait rien d'autre que parler d'elle.

En dernière analyse, il s'agit de savoir dire qu'on n'est pas d'accord, sans avoir à se battre et sans se sentir dévalorisé.

■ *Acheter sans se laisser influencer par le vendeur*

Décidez vous-même de ce qui vous plaît. Si cela ne vous convient pas et si le vendeur insiste, osez dire : « non merci, je vais réfléchir ». Faites-vous confiance, affirmez vos goûts et vos préférences, vous seul savez ce qui est bien pour vous. En faisant cela vous renforcerez votre confiance en soi.

Jouer cartes sur table

Cessez de manipuler les autres pour obtenir ce que vous voulez. Par exemple en tant que parents lorsque nous disons à nos enfants : « J'ai passé la journée à faire la cuisine et tu ne veux même pas y goûter ! » nous les manipulons et nous essayons de les culpabiliser.

« Mon petit chéri, tu ne veux pas faire ça pour moi ? » est une question fermée. L'enfant ne peut que répondre oui ou non et dire non n'est pas très facile pour lui dans ce cas.

Nous manipulons tous plus ou moins. Quand nous nous en apercevons en le faisant, c'est bon signe pour notre estime de soi et celle de nos adolescents !

Savoir s'exprimer en public

Certaines personnes deviennent muettes dès que le nombre de leurs interlocuteurs augmente (ce chiffre varie pour chacun). Apprivoiser sa peur pour s'exprimer en public renforce l'estime de soi. Chaque fois que vous le faites, vous gagnez en confiance. Inutile de vous poser des questions sur l'attitude physique à adopter ; si vous êtes à l'aise tout va bien.

À un élève qui lui demandait où il devait mettre ses mains pendant qu'il parlait, Louis Jouvet répondit : « au bout de vos bras ».

Autres comportements d'affirmation de soi

L'affirmation de soi s'exprime également :

- par l'allure physique : les épaules détendues, la tête droite, le regard franc, le ton ferme, la respiration calme et les pieds bien ancrés sur le sol ;

- par la façon de se vêtir, de se nourrir, de prendre soin de soi et de son hygiène de vie ;

- par la façon de s'exprimer avec les autres avec aisance, calme et clarté, en étant cohérent avec nous-mêmes ; ce que nous disons doit refléter ce que nous pensons et ressentons.

Si vous êtes parents ou adultes en charge d'adolescents, vous reconnaissez-vous dans les caractéristiques précédentes ? Sachez que vous êtes des modèles et que l'adolescent est en recherche pour construire sa personnalité d'adulte. Il choisira chez l'un certains traits et chez l'autre d'autres caractéristiques pour construire son identité.

Faire la différence entre l'agressivité, la soumission et l'affirmation de soi

L'adolescent a besoin de votre amour et de votre compréhension et aussi de votre permission pour s'affirmer. Si vous acceptez de le voir prendre ses distances pour trouver son autonomie, il peut passer par des expériences et des tentatives d'affirmation de soi allant parfois jusqu'à la provocation et la rébellion. Il vous met à l'épreuve pour définir son style et trouver sa propre identité. Aidez-le à faire la différence entre l'agressivité, la soumission et l'affirmation de soi.

Identifier la réaction de votre enfant au stress

Devant une situation stressante, nous pouvons réagir de plusieurs façons : l'attaque, la fuite, la paralysie, la manipulation ou l'affirmation de soi. Sachez reconnaître ces différentes attitudes chez votre adolescent.

Quand il choisit l'attaque, il peut :

- Rechercher le conflit en confrontant de façon agressive et non respectueuse.
- Refuser les règles et les transgresser de façon systématique.
- S'exprimer de façon impulsive avec des débordements de violence.
- Ne pas supporter la frustration.
- Manifester son impatience de façon agressive.
- Exiger que ses besoins soient satisfaits immédiatement.
- Manquer de respect et pousser les adultes au rejet.

►

Quand il choisit la fuite, il peut :

- Éviter la relation pour fuir le conflit.
- Éviter les rencontres avec les jeunes de son âge et fuir les relations affectives.
- Nier ses besoins personnels et ses émotions.
- S'isoler dans sa chambre et éviter les repas de famille.
- S'enfermer dans un mutisme pendant plusieurs jours.
- Accepter les règles sans les contester, ni les adopter réellement.

Quand il choisit la paralysie, il peut :

- Demander de l'aide à ses parents pour toute situation stressante.
- S'adapter aux règles par peur de vos représailles.
- Ignorer ses besoins personnels et ses émotions.
- Rechercher la présence des adultes plutôt que celle des jeunes de son âge.
- Déprimer et rester prostré.
- Être tétanisé devant les conflits ou les situations où on lui demande quelque chose (l'école).

Quand il choisit la manipulation, il peut :

- Séduire pour obtenir ce qu'il veut.
- S'excuser avec l'intention d'obtenir ce qu'il attend.
- Soutenir une logique implacable dans ses discours pour avoir raison.
- Jouer avec les règles dans son intérêt.
- Chercher à se faire aimer de tout le monde.
- Dénigrer ses amis pour plaire.
- Exprimer ses besoins de façon détournée.
- Faire du chantage affectif pour obtenir ce qu'il veut.

Regardez où se situe votre adolescent, s'il s'affirme plutôt par l'attaque, la fuite, la paralysie ou la manipulation. Demandez-vous si vous ou votre conjoint avez tendance à faire la même chose. Vous comprendrez là aussi la force des modèles parentaux.

Demandez à votre adolescent ce qu'il en pense, proposez-lui d'autres alternatives pour s'affirmer et avancer vers son autonomie, et proposez-lui le questionnaire suivant.

Comment est-ce que je m'affirme ?

Est-ce que :

- j'exprime régulièrement mes émotions ?
- j'identifie et j'exprime clairement mes besoins ?
- je suis fier(e) de mon apparence physique ?
- je suis fier(e) de mes performances physiques ou sportives ?
- je suis fier(e) de mes résultats scolaires ?
- j'envisage les changements avec confiance ?
- je négocie les conflits par le dialogue ?
- je respecte les règles établies ?
- je respecte les règles après les avoir négociées ?
- je suis capable de m'autoévaluer ?
- je suis capable de m'autodiscipliner ?
- je reconnais mes forces et mes limites ?
- je suis capable de reconnaître et d'apprécier mes succès ?
- je suis capable d'anticiper les étapes menant au succès ?
- je suis capable de me faire des amis ?
- je fais confiance aux adultes ?
- je suis curieux et je réagis de façon positive devant l'imprévu ?
- je tolère les frustrations ?
- je tolère les changements dans les délais ?
- je réagis de façon positive après une erreur ou un échec ?
- je suis capable de me débrouiller seul ?
- je suis capable de prendre des initiatives personnelles ?
- j'exprime mes opinions et je les soutiens ?
- je suis capable de me détendre et de me calmer ?
- je suis capable de prendre soin de moi ?
- je suis capable de manifester des gestes de tendresse et d'affection ?

Partagez ensemble ses impressions, son ressenti et évaluez ensemble ce qui mérite d'être amélioré et comment vous y prendre tous les deux pour l'aider à développer davantage son autonomie.

Quel adolescent avez-vous été ?

Dans chaque parent, il y a un enfant blessé. C'est cet enfant blessé qui se manifeste à travers certains de vos comportements limitants que vous n'aimez pas. Cherchons plutôt à comprendre les besoins de cet enfant intérieur. Une fois que l'on a identifié l'intention positive (le besoin qui se cache derrière le comportement), on peut le changer.

Certains parents éprouvent des difficultés à aimer leur enfant. En fait, ce sont des parties d'eux-mêmes qu'ils n'aiment pas. Ces parties sont souvent très petites, elles n'ont pas grandi. Si elles ont subi des traumatismes, elles ont l'âge de ce traumatisme.

Une jeune mère qui avait été victime de violence dans son enfance me disait qu'elle s'était jurée de ne pas reproduire la violence avec ses enfants. Lorsque son premier enfant est né, elle a été rattrapée par son histoire, elle est devenue violente avec son bébé. Elle ne supportait pas de l'entendre pleurer et d'être réveillée la nuit.

Quand elle était petite sa mère l'enfermait dans un placard pour ne pas l'entendre pleurer. Aujourd'hui, malgré elle, cette jeune mère s'en prenait à son bébé, le secouait et ensuite elle se culpabilisait.

Après une psychothérapie pour changer son comportement, elle a pris conscience que ce n'était pas son bébé qui était en cause, mais qu'elle projetait sa propre enfance sur son enfant. Elle a pu établir avec lui des liens positifs et avoir un comportement approprié.

Certains parents s'inquiètent de leurs réactions devant leurs enfants. Ils se demandent par exemple si c'est normal d'aimer plus un enfant qu'un autre, de se sentir plus proche d'un enfant qui leur ressemble ou au contraire de ne pas aimer assez l'enfant qui leur ressemble.

À travers son enfant, le parent revit son histoire. Nos comportements sont influencés par nos besoins non satisfaits et les traumatismes du passé. Parfois, il suffit de les identifier, en les amenant à la conscience pour changer notre comportement. Parfois, un travail plus approfondi sera nécessaire pour réparer tout un passif douloureux.

Un jeune papa s'inquiète de son comportement avec son fils, il est autoritaire et exigeant avec lui. À la naissance de ce bébé, il était pourtant très heureux. Il a changé quand son fils a eu quelques mois. Il a pris de la distance, ne jouait pas avec lui, s'adressait à lui sur un ton dur et devenait de plus en plus impatient. Le petit garçon en souffrait et s'est mis à développer des tics.

Ce jeune père a perdu son père à 8 mois dans un accident de voiture. Ce fut une séparation violente qui n'a pas été expliquée verbalement au bébé. La maman ne savait pas qu'un enfant aussi jeune pouvait « comprendre » à sa façon. Âgée de 22 ans, elle l'avait élevé seule et s'était remariée quelques années plus tard. Avec son second mari elle a eu deux autres enfants qui ont grandi avec leur père géniteur qui a élevé l'aîné en le considérant comme son fils.

Inconsciemment ce jeune père ne voulait pas s'attacher à son fils aîné pour ne pas souffrir d'une nouvelle séparation violente. Avec lui l'attachement était synonyme de séparation, de souffrance. Pour ne pas souffrir, il ne faut pas s'attacher. Pour ne pas s'attacher, il ne faut pas être proche ni manifester de l'amour. Il a eu une attitude différente avec le deuxième enfant. Il était capable de lui manifester de l'amour, de jouer avec lui et de prendre soin de son bébé qui a ainsi pu grandir avec ses principaux besoins satisfaits.

On retrouve l'intention positive du comportement limitant autoritaire et dur : il s'agit de se protéger de la souffrance de la perte. Avec le second enfant, l'angoisse de la mort ne menace pas la relation, le lien d'amour est naturel.

Ces relations entre parents et enfants sont fréquentes, les origines en sont très variées, elles ont toujours une explication reliée à l'histoire de la personne.

Les parents qui couvent et protègent leurs enfants, en faisant à leur place, en ayant peur pour eux, ceux-là aussi ont une intention positive. Ils cherchent à se rassurer, plutôt que de chercher à satisfaire les besoins de leurs enfants. Ce faisant, ils les empêchent de se construire avec une bonne estime de soi. Ces enfants deviendront des adultes angoissés, doutant d'eux-mêmes, ayant peur de prendre des initiatives et n'ayant pas confiance en eux. Je les retrouve en thérapie, ils en veulent à leurs parents, mais ils n'arrivent pas à exprimer leur colère à des parents qui ont été si gentils avec eux, qui leur ont tout donné… mais qui ne les ont pas préparés aux réalités de la vie.

Pour restaurer l'estime de soi des adolescents, les parents comprendront tout au long de ce livre qu'ils auront probablement à faire un retour sur leur passé pour restaurer l'estime de soi de leur enfant intérieur. Il s'agit de faire « ami-ami » avec toutes les parties d'eux-mêmes pour **s'accepter pleinement.** Comme nous l'avons déjà dit, il est parfois difficile de donner à quelqu'un ce que nous ne possédons pas nous-mêmes.

Être parent amène forcément des tensions. Il est naturel d'avoir des moments où les enfants nous fatiguent, nous irritent et où nous voudrions être ailleurs. Être parent apporte aussi beaucoup de joie, et la satisfaction de voir ses enfants grandir et devenir des adolescents qui veulent prendre leur envol. Il est important de se souvenir qu'être parent, c'est vivre les deux côtés : joies et tensions en même temps ou successivement, sans se culpabiliser lorsque tout ne va pas pour le mieux.

Les moments de tensions donnent à nos adolescents la « permission » de progresser vers leur autonomie, sans culpabiliser de quitter trop vite ces parents si gentils et sans s'endormir dans le « ronron » tranquille d'une vie où ils n'ont pas besoin de prendre leurs responsabilités.

Le lien avec votre adolescent passe par celui avec l'adolescent(e) que vous étiez

Il est essentiel de garder le lien avec votre enfant, celui du présent bien sûr et aussi le vôtre, celui du passé, à l'intérieur de vous, l'adolescent que vous étiez à l'âge qu'a votre enfant aujourd'hui. Votre adolescent est votre miroir. S'il vous ressemble ou au contraire est trop différent de vous, ne projetez pas sur lui votre propre histoire : vos réactions exagérées reflètent vos conflits non réglés avec vos parents. C'est le moment de vous replonger dans votre propre passé et d'amener à la conscience tout ce qui y était enfoui pour dépasser tous ces malentendus.

Pour le parent que vous êtes aujourd'hui, je propose le rêve éveillé suivant qui va vous permettre de retrouver votre propre adolescence. Lisez le texte au préalable et partez en imagination. Vous pouvez vous aider d'une musique que vous écoutiez souvent à cette période de votre vie. Sinon, demandez à quelqu'un de vous guider et de vous lire le texte, en lui précisant de parler d'une voix plutôt basse, sur un rythme lent et de faire des pauses silencieuses quand il y a des pointillés… (une ou deux minutes environ). Préparez du papier et un crayon que vous laisserez de côté pour l'instant.

Rêve éveillé pour retrouver votre propre adolescence

Asseyez-vous confortablement, dans un endroit calme où vous ne serez pas dérangé. Décroisez les pieds et les bras, relâchez vos épaules, détendez-vous… fermez les yeux… rentrez à l'intérieur de vous-même… respirez… lâchez votre mental… centrez-vous sur votre respiration… voilà c'est ça… à chaque expiration détendez-vous de plus en plus profondément… Écoutez le battement de votre cœur…

Je vous propose de repartir quelques années en arrière, de vous remettre dans la peau de l'adolescent que vous étiez. Faites comme si vous y étiez en gardant les yeux fermés…

►

►

Vous êtes, à nouveau, cet adolescent(e)... Donnez-vous le temps de reprendre contact avec vous-même... prenez la posture, l'attitude que vous aviez à cette époque-là, vous êtes *(x... prénom)* avec les vêtements que vous portiez dans ces années-là... la coupe de cheveux que vous aviez... les mots que vous utilisiez...

Vous revivez votre adolescence avec les adultes qui vous accompagnaient à l'époque, parents..., grands-parents..., professeurs..., frères ou sœurs aînés ou plus jeunes,... vos amis... laissez venir ces personnes du passé...

– Que se passait-il pour vous ?... Revisitez cette période de votre vie avec les moments forts, heureux... et les moments plus difficiles que vous avez vécus... Prenez le temps de revivre tout cela en observant les détails...

– Comment se comportaient vos parents avec vous ?...

– Que voyez-vous ?...

– Qu'entendez-vous ? *(paroles, musiques...)*

– Que ressentez-vous ? *(sentiments, émotions, mouvements...)*

Prenez le temps de revivre encore plus profondément votre adolescence...

– Quelles sont les décisions que vous avez prises à cette période de votre vie ?...

– Qu'est-ce qui était si important pour vous ? et qui faisait défaut ?...

– Qu'est-ce qui était aussi très important et qui était présent ?

– Qu'est-ce qui vous a aidé à vous construire et qui vous aide encore aujourd'hui ?...

Respirez plusieurs fois profondément..., reprenez tout doucement contact avec ce lieu, la réalité d'aujourd'hui, ouvrez les yeux... et sans parler, prenez le papier et le crayon placés à côté de vous et écrivez ce que vous avez vécu.

Cette lettre pourrait commencer de la façon suivante : « Je m'appelle Pierre, j'ai 15 ans, je suis blond, les cheveux longs, les yeux bleus, je porte des pantalons pattes d'éléphant, avec des chemises à carreaux, j'écoute la musique des Pink Floyd et des Beatles... »

Cette lettre, vous pouvez la garder pour vous ou vous pouvez la lire à votre enfant qui sera très intéressé de savoir quelle a été votre adolescence. Vous pouvez lui donner rendez-vous pour la lui lire (ou la lui laisser lire), puis en parler avec lui à un moment et dans un endroit tranquille. Vous pouvez aussi lui donner la lettre à lire de son côté et lui proposer de vous en parler quand il le désirera. Parfois, cela peut prendre plusieurs semaines. Ne vous inquiétez pas, et ne lui demandez pas tous les jours « alors tu as lu ma lettre ? »

Les enfants ont besoin de savoir quels enfants ont été leurs parents, quelle a été leur vie d'adolescent et comment se comportaient leurs parents avec eux. Ils vous connaîtront mieux, vous comprendront mieux et vous provoqueront moins pour avoir des réponses à leurs difficultés.

POINTS CLÉS

- Nous sommes les seuls à savoir ce que nous voulons, c'est de notre responsabilité de faire le nécessaire pour l'obtenir, sans être aveugle et sourd aux besoins des autres et sans les manipuler pour obtenir ce que nous voulons.
- Effet boule-de-neige : plus on s'estime, plus il est facile de s'affirmer, de même que s'affirmer quand ce n'est pas facile accroît l'estime de soi.
- Pour resserrer le lien dans le présent, il est souvent utile de faire le lien avec le passé. Il sert de base à une bonne estime de soi.

PARTIE II

Communiquer la confiance en soi en sachant garder le contact et éliminer les sources d'agressivité

CHAPITRE 4

Les techniques qui marchent pour résoudre les conflits

Assumer sa responsabilité

La plupart des conflits entre parents et adolescents viennent de la difficulté que les jeunes éprouvent à assumer leurs responsabilités. Ils veulent être libres et autonomes mais pas responsables : c'est souvent de la faute des profs, des parents, des amis, mais rarement de la leur. Or leur structure intellectuelle leur permet de raisonner, de réfléchir, et de comprendre les situations auxquelles ils sont confrontés.

Le schéma suivant montre où se situe notre responsabilité, quelle que soit la situation :

- Nous sommes (en partie) **responsables** de ce que nous percevons.
- Nous sommes **responsables** de notre interprétation.
- Nous sommes **responsables** de ce que nous ressentons.
- Nous sommes donc **responsables** de nos actions.

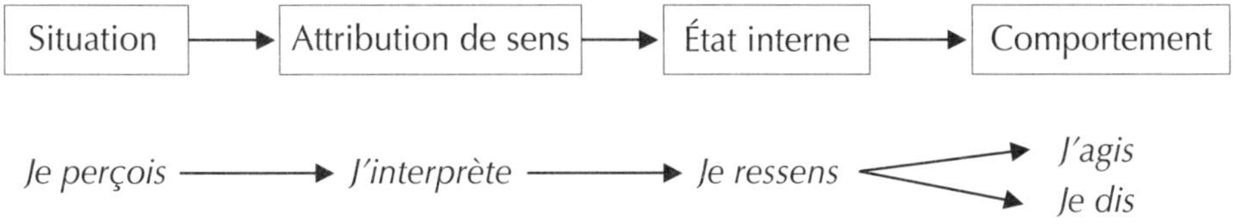

Figure 2 – Être responsable de son comportement

Le comportement est le résultat d'un état interne (ressenti), qui lui-même est le résultat du sens que nous attribuons à une situation (interprétation) que nous avons perçue avec nos filtres sensoriels : Visuel, Auditif, Kinesthésique (qui concerne le ressenti, le toucher, le mouvement), Olfactif et Gustatif. C'est ce que nous appelons le VAKOG en PNL.

Nous vivons cette séquence plusieurs fois par jour, mais nous ne prenons pas le temps de l'analyser. Nous avons tendance à croire que c'est la situation qui est la cause de nos problèmes. Or la situation n'est qu'un facteur déclenchant ; la source de nos états internes est notre pensée.

L'interprétation de la situation ou de la réalité avec nos différents filtres

Le premier filtre est sensoriel. Chacun a ses préférences et perçoit les situations en fonction de ses propres préférences inconscientes. Nous avons tous fait l'expérience d'aller passer des vacances quelque part avec des amis. Chacun en rapportera un récit différent, suivant ses propres filtres sensoriels. Certains mettront l'accent sur ce qu'ils auront **vu**, par exemple des paysages. D'autres parleront de ce qu'ils auront **entendu :** l'accent des indigènes et la musique du pays. D'autres encore insisteront sur les **sensations** qu'ils auront **ressenties** ou le **toucher** des objets. Il y aura aussi ceux qui mentionneront **l'odeur** des parfums et des épices et enfin ceux qui partageront leurs souvenirs du **goût** de la cuisine locale. Les perceptions sont parfois si différentes que nous nous demandons si nous sommes allés au même endroit en vacances.

Le deuxième filtre est socioculturel. Un Africain n'a pas la même notion du temps qu'un Européen. Le milieu social dans lequel nous avons grandi influence aussi notre interprétation des faits. J'ai appris récemment que, dans certaines familles, c'était « vulgaire » d'aller travailler. Cela paraît invraisemblable à notre époque et pourtant cela existe encore. Les adolescents qui grandissent en étant influencés par ces filtres familiaux risquent d'avoir des surprises sur la réalité de la vie.

Les croyances et les valeurs qui appartiennent à notre famille continuent à nous influencer tous les jours. Consciemment et surtout inconsciemment, nous sommes habités par notre enfance qui joue un grand rôle dans la relation que nous établissons avec nos adolescents.

Le troisième filtre est notre histoire personnelle. Nous avons nos propres expériences que nous allons interpréter à notre façon, influencés par des facteurs tellement nombreux qu'il est impossible de les connaître tous.

La réalité perçue à travers ces différents filtres est donc notre création. Nous ne détenons pas *la* vérité, nous avons *notre* vérité. Il n'y a pas de vérité plus « vraie » qu'une autre. Chacun a sa vérité et chaque modèle du monde est unique. Si vous adhérez à cette hypothèse, cela vous rendra plus tolérant et plus acceptant vis-à-vis d'autrui et de votre adolescent.

Votre enfant ne perçoit pas et n'interprète pas le monde comme vous. Il est unique. Ce qu'il perçoit passe à travers ses propres filtres, c'est sa réalité, et il est naturel que votre perception diffère de la sienne. Il est inutile de chercher à le convaincre. Cherchez d'abord à découvrir et à comprendre son modèle du monde. Ne soyez pas ahuris par ses comportements ou ses raisonnements : c'est sa façon à lui d'interpréter la réalité !

Ce qui nous différencie des espèces animales inférieures, c'est que justement nous pouvons utiliser notre cerveau pour interpréter les situations. C'est notre supériorité et c'est là aussi que réside notre plus grande responsabilité. Dans la mesure où nous sommes responsables de nos interprétations, nous sommes libres du sens que nous donnons à une situation.

Si nous assumons cette **responsabilité,** notre estime de soi s'en trouve renforcée.

Voici l'exemple de Sophie qui veut demander à son père l'autorisation de rentrer à 1 heure du matin au lieu de minuit, samedi soir (c'est l'anniversaire de sa meilleure amie).

Sophie rentre chez elle et trouve son père installé sur le canapé en train de lire son journal. Elle lui demande la permission de rentrer plus tard samedi prochain. Le père bougonne derrière son journal : « Oui on verra ça. »

Elle **perçoit** la situation avec ses filtres sensoriels (visuel et auditif). Elle voit : il ne me regarde pas, il continue à lire son journal. Elle entend : il bougonne « oui on verra ça ». Elle **interprète :** « Comme d'habitude, il s'en fiche de moi », il préfère lire son journal. *(On verra plus loin d'où lui vient cette croyance.)* Elle **ressent** de la colère (état interne), résultat de son interprétation. Elle **agit** en s'enfermant dans sa chambre et en faisant la tête toute la soirée, comportement qui est le résultat de son ressenti et de son interprétation.

Même si nous n'en sommes pas conscients, c'est dans notre pensée que la colère prend sa source. La situation est le facteur déclenchant mais pas la cause. Le comportement ou l'action est toujours précédé d'un état interne (très rapide parfois) qui lui-même est toujours précédé d'une interprétation de la situation.

Je demande à Sophie comment elle aurait pu interpréter autrement la même situation.
Elle **perçoit :** le père allongé sur le canapé lisant son journal. Elle **interprète autrement :** il se détend, ce n'est pas le moment. Elle **ressent :** de la tranquillité. Elle **agit** en décidant de lui en reparler au dîner, à un meilleur moment.

Interpréter différemment une situation désagréable

Dans un cas similaire, vous pouvez suggérer, mais pas imposer, à votre adolescent d'autres interprétations. C'est ce qu'on appelle en PNL faire un « recadrage de sens », donner un autre sens, un autre éclairage à une situation. Cela nous évite bien des conflits et l'estime de soi s'en trouve renforcée.

Questions pour reconsidérer la situation

- Y a-t-il des fois où les choses ne se passent pas ainsi ?
- Se pourrait-il qu'il y ait des éléments que tu n'as pas remarqués ?

Questions pour reconsidérer l'interprétation de la situation

- En quoi ceci (X) prouve cela (Y) (dans l'exemple de Sophie : en quoi le fait de continuer à lire son journal prouve qu'il ne s'intéresse pas à toi ?)
- Qu'est-ce que ça pourrait signifier d'autre ?
- Est-ce qu'il y a d'autres causes possibles ?
- Y a-t-il d'autres conséquences possibles ?

Questions pour reconsidérer le ressenti (l'état interne)

- Que voudrais-tu ressentir à la place ?
- Que se passerait-il si tu ressentais autre chose ?
- Y a-t-il des fois où tu as ressenti autre chose dans la même situation ?
- Qu'est-ce qui te permettrait de ressentir autre chose ?
- Y a-t-il un avantage à ressentir ce que tu ressens ?

Questions pour réviser le comportement

- Qu'est-ce que tu voudrais faire ou dire à la place ?
- Que veux-tu obtenir comme résultat ?
- Qu'est-ce qui t'empêche de te comporter autrement ?
- Que se passerait-il si tu ne faisais ou ne disais pas ça ?
- Quelle est sa bonne intention à ton égard ?
- Y a-t-il une partie de toi qui ne veut pas changer ton comportement ?

Bien entendu, cette façon de procéder est également valable pour les parents qui s'appliqueront à interpréter différemment certaines situations vécues avec leurs adolescents.

La mère de Maurice (15 ans) se plaint que son fils est paresseux, démotivé, qu'il arrive souvent en retard à l'école et qu'il rêve pendant les cours. Après un séminaire « estime de soi », il décide d'entreprendre une psychothérapie pour travailler sur ses difficultés scolaires.

Maurice est nonchalant et intelligent, je le trouve plutôt sympathique. Il vient régulièrement à ses séances et arrive à l'heure.

Je découvre que, dès le CP, il a subi régulièrement des brimades injustes de la part de son institutrice. Celle-ci s'en prenait à lui car ses parents avaient acheté la maison qu'elle aurait voulu acheter. C'est à partir de là qu'il a commencé à détester l'école et à se considérer comme une « victime ».

Pour des raisons familiales, ses parents ont souvent déménagé. Maurice a connu 12 écoles différentes entre le CP et la 6e. En arrivant en 6e dans la région parisienne, notre « victime » est très vite repérée par une bande de garçons qui l'attendent à la sortie de l'école pour le racketter. Il y a des jours où Maurice m'avoue « j'avais envie de mourir plutôt que d'aller à l'école ». Je lui demande pourquoi il n'en a jamais parlé à ses parents, il me répond qu'ils n'étaient pas disponibles. Il y avait beaucoup de problèmes à la maison.

Aujourd'hui sa mère est plus disponible, elle fonde beaucoup d'espoirs sur son fils et souhaite sincèrement l'aider. Lorsque je les reçois ensemble pour faire le point, en accord avec Raphaël, j'évoque la relation de Maurice avec l'école qui a été un lieu de brimades plutôt qu'un lieu d'apprentissage. Je complimente Maurice pour ses ressources et recadre la situation :

— Je me demande comment il a fait pour continuer à aller à l'école alors qu'il savait qu'une bande de garçons l'attendait pour le racketter. Je trouve qu'il a de formidables ressources de courage, de persévérance et d'intelligence. Arriver en retard à l'école lui évitait de rencontrer ses agresseurs et que pouvait-il faire de mieux que de rêver pendant les cours pour ne pas penser à ceux qui l'attendaient à la sortie de l'école ?

Sa mère reconnaît les injustices vécues par Maurice et comprend mieux son fils. Elle lui manifeste son soutien et l'encourage pour continuer ce qu'il a commencé.

Par la suite, Maurice assumera sa responsabilité en trouvant une entreprise et une école pour apprendre en alternance le métier d'électricien. Il est heureux et fier de son nouveau projet. Il a retrouvé l'estime de soi. Quand je lui demande ce que nos séances lui ont apporté, il me répond avec humour : « à ne pas péter un câble ». Bravo pour un futur électricien ! Aujourd'hui il réussit brillamment dans la voie qu'il a choisie. Sa mère est fière de lui et le lui exprime.

Le cas de Maurice, montre qu'avec un autre « éclairage », on obtient une interprétation et un résultat différents.

Pour « recadrer » la situation de Maurice, on peut aussi faire remarquer à sa mère que ce qu'elle appelait le « problème » était en fait une partie de la « solution » : en effet, c'était la meilleure solution que Maurice ait trouvée pour échapper à ses racketteurs et pour survivre à une situation intenable.

Cet exemple montre aussi qu'un enfant doit se sentir en sécurité avec ses parents pour dire ce qui se passe à l'école et exprimer ce qu'il ressent. Maurice avait besoin de dire à ses parents qu'il était victime d'une injustice. Au lieu de cela, il a appris à refouler ses émotions et à ignorer ses besoins. En grandissant il a eu du mal à les reconnaître et à faire des demandes.

Bien entendu, c'est une attitude néfaste pour l'estime de soi, elle renforce la croyance qu'on n'est pas important et qu'on n'intéresse pas les autres.

Si votre enfant a des difficultés, écoutez-le attentivement et renseignez-vous sur la situation. Vous pourrez alors lui proposer un recadrage de sens ou l'aider à interpréter lui-même la situation autrement, ce qui est souvent une solution encore plus efficace.

Quand un adolescent s'oppose aux adultes qui lui font des reproches, soutenez ses ressources et ses compétences et supposez les bonnes intentions de son comportement d'opposition. Vous pourrez aussi lui suggérer d'utiliser son énergie pour leur montrer qu'il est intelligent, capable de réussir, plutôt que de diriger son énergie pour se révolter.

Il peut choisir un destin différent de celui qu'on lui assigne.

La culpabilité empêche d'assumer ses responsabilités

La culpabilité ne change rien à la situation et ne nous aide pas à avancer.

Beaucoup de parents peuvent se sentir coupables quand les adolescents leur posent des problèmes scolaires ou de comportement. Ils se demandent ce qu'ils n'ont pas bien fait. Or la plupart des parents font de leur mieux et nul n'est parfait. Si vous êtes dans ce cas, demandez-vous si votre culpabilité n'est pas liée à l'attitude de vos propres parents ? Qui disait que vous ne faisiez jamais bien les choses ? Qui pensait que ce n'était jamais parfait ?

Lorsque nous nous sommes trompés ou que nous avons raté quelque chose, nous pouvons nous faire des reproches, nous critiquer.

Or nous avons vu que nos erreurs sont des occasions de progresser. Servons-nous de ces erreurs pour changer, cherchons par exemple comment mettre en place une nouvelle stratégie.

Si le sentiment de culpabilité persiste et se retrouve au centre de jeux de pouvoir entre les parents et les adolescents, peut-être avez-vous entendu lorsque vous étiez enfant des expressions comme : « je me sacrifie pour toi », « je ne divorcerai pas à cause de vous (les enfants) », « tu me rends malade », « tu fatigues ta mère »... C'est un chantage affectif qui pèse lourd sur les épaules de l'enfant qui se sent coupable et n'ose pas se révolter contre le parent-victime.

Refusez de vous sentir coupable et ne tentez pas de culpabiliser votre enfant.

Parfois il peut même se sentir coupable d'exister quand il n'a pas été désiré et quand on lui dit qu'il est un « accident » qui a fichu en l'air les projets de sa mère : « si tu n'avais pas été là, j'aurais fait un autre métier », l'enfant croit qu'il a provoqué le malheur de sa mère (« tu es venu trop tôt »), il sent qu'il n'a pas sa place. Comment ne pas sentir une culpabilité existentielle ?

Bien entendu, l'enfant n'a pas à se sentir coupable, il n'a pas présidé à sa conception et les choix de ses parents ne le regardent en rien. Lorsque les parents envoient de tels messages, il y a de quoi ressentir de la colère. Pour peu que l'expression de la colère soit interdite, elle est refoulée et se transforme trop facilement en culpabilité.

L'accumulation de culpabilité finit par engendrer de l'agressivité que l'on décharge sur le premier venu ou qu'on retourne contre soi. Autant aller la regarder de plus près, à quoi est-elle reliée ? ou à qui ? devrais-je dire. L'expression appropriée de la colère répare et libère. Elle permet de restaurer un lien authentique d'amour entre les parents et les adolescents et elle favorise l'estime de soi des deux. Chacun se sent enfin reconnu et accepté pour qui il est vraiment.

Sortir de la culpabilité, c'est une façon d'assumer sa responsabilité, de reprendre son destin en main et de se dire : « J'existe, ma vie m'appartient » et de commencer à s'affirmer.

L'influence du stress sur la confiance en soi

Tout changement génère du stress et peut faire perdre confiance en soi. À l'adolescence, les principales sources de stress sont :

- le divorce des parents,
- les disputes entre les parents,
- le chômage du père,
- la dépression de l'un des parents.
- les changements d'école,
- les déménagements,
- les changements dans les situations familiales et professionnelles (naissance d'un autre enfant, mère qui se remet à travailler, etc.),
- les changements dans les relations amicales.

Si votre adolescent manifeste des symptômes physiques répétitifs (maux de gorge, de tête, de ventre) ou des comportements inhabituels (agressivité, retrait, tristesse), il est important de découvrir rapidement ces sources de stress et d'apprendre à votre adolescent à les identifier.

Parlez-en avec lui pour trouver des moyens d'y faire face. L'accumulation de stress nuit à l'estime de soi et affaiblit notre système immunitaire. L'adolescent confronté à un virus sera plus vulnérable et risquera de tomber malade. Si vous évoquez avec lui la situation stressante, il pourra y faire face, il sera conscient de ses ressources internes et externes, il aura confiance en vous et cela renforcera son estime de soi.

Les autres facteurs de stress possibles chez l'adolescent sont les suivants :

- Il ne s'aime pas physiquement, il se focalise sur une partie de son corps, il se trouve trop gros ou trop maigre.
- Il a du mal à s'endormir, il stresse la veille des examens, il doute de ses capacités.
- Il a des difficultés relationnelles avec ses amis, il a du mal à se faire des amis ou il est en conflit avec eux.

- Il pense que les autres ne l'aiment pas, qu'il n'aura jamais de petit(e) ami(e), ou il a un chagrin d'amour.

- Il est inquiet pour la santé de l'un de ses parents.

- Il est triste depuis la mort d'un de ses grands-parents ou d'une autre personne de la famille ou d'un proche.

Vous pouvez lui proposer d'en parler, de prendre l'habitue de mettre des mots sur ses maux. Demandez-lui dans le passé qu'est-ce qui l'a aidé dans une situation stressante, pour lui rappeler qu'il a su faire face. Dites-lui ce que vous faites, vous, dans une situation stressante, est-ce que :

- vous écoutez de la musique, vous jouez d'un instrument ?
- vous en parlez à un ami en qui vous avez toute confiance ?
- vous faites une relaxation, un massage, vous prenez un bain ?
- vous écrivez, vous lisez, vous regardez un film distrayant ?
- vous faites de la peinture, de la sculpture ou autre activité artistique ?
- vous faites du sport ou une activité physique (jardinage, bricolage).

Vous êtes des modèles. Il choisira probablement une de vos stratégies pour faire face au stress.

À l'inverse, il peut perdre confiance en vous s'il est témoin de quelque chose qui le traumatise. Il arrive souvent que les adolescents se plaignent de l'intrusion de l'un des parents dans leur vie intime.

La découverte de la lecture de son journal intime par sa mère a traumatisé une adolescente au point qu'elle ne fait plus confiance à personne aujourd'hui. Sa mère ne s'est pas contentée de lire son journal intime, en plus elle l'a lu publiquement en sa présence devant un groupe d'amis, en faisant des commentaires ironiques sur certains passages. « Je me suis sentie trahie et humiliée pour la vie » dit-elle. « J'aurais eu besoin qu'elle me parle, qu'elle m'écoute. » Sa mère était très dure et autoritaire. Avec une vie mondaine bien remplie, elle n'avait pas le temps d'écouter sa fille qui ne pouvait se confier qu'à son journal intime.

Elle a reçu beaucoup d'empathie de la part du groupe de psychothérapie où elle a pu exprimer sa douleur. Elle s'est profondément sentie écoutée et respectée par le groupe. Cela lui a permis de se sentir reconnue et de restaurer son estime de soi.

Dans cet exemple, la jeune femme a eu besoin de l'intervention d'un professionnel.

Avec des techniques comme l'EMDR (voir le livre *Guérir* de DSS), l'hypnose ericksonienne, la PNL, les techniques d'Y. Dolan (*Guérir des traumatismes, des abus sexuels et revivre*), on obtient de très bons résultats.

Ancrer la confiance en soi

Une façon de ressentir la confiance en soi consiste à installer une « ancre » portative de confiance en soi.

Une **ancre** est une réponse automatique à une stimulation sensorielle, qu'elle soit visuelle, auditive, kinesthésique, olfactive, gustative.

Une ancre célèbre est la madeleine de Proust. Chaque fois que Proust mangeait une madeleine (stimulation gustative), cela lui rappelait le tilleul de sa tante dans lequel il trempait ses madeleines. Immédiatement, un sentiment particulier l'envahissait (réponse automatique), en même temps que remontaient les souvenirs des vacances chez sa tante (c'est ainsi qu'il a retrouvé le temps perdu).

Voici d'autres exemples d'ancres, moins célèbres, mais toutes aussi faciles à reconnaître : lorsque vous entendez une musique (stimulation auditive) qui vous rappelle des bons souvenirs, vous vous retrouvez immédiatement replongé dans le sentiment agréable que vous évoque cette musique. Cette même musique pourra provoquer chez quelqu'un d'autre un sentiment moins agréable, comme de la nostalgie ou de la tristesse par exemple parce qu'elle sera reliée à une expérience négative ou perdue. Le feu rouge (stimulation visuelle) déclenche immédiatement une réponse automatique : vous freinez pour vous arrêter.

Ces réponses automatiques sont souvent inconscientes. Il s'agit d'un phénomène naturel. Avec la PNL, on peut apprendre à les créer et à les installer consciemment pour entrer en contact avec ses ressources.

Si vous êtes parent et que vous avez besoin de ressentir de la confiance en vous, vous pouvez entrer en contact avec ce sentiment grâce à une ancre portative que vous allez installer avec l'exercice suivant. Faites-le à deux en dictant à l'autre les instructions ou tout seul en ayant lu le texte auparavant.

Exercice pour l'ancrage de la confiance en soi

Préparation

Installez-vous confortablement, posez les mains à plat sur vos genoux, fermez les yeux et centrez-vous sur votre respiration... Prenez le temps de vous centrer sur vous-même, de lâcher les épaules et les tensions dans tout votre corps... Lâchez également votre mental et laissez passer les pensées qui vous viennent, comme les nuages dans le ciel, ils peuvent être gris, blancs ou noirs, derrière, le ciel reste toujours bleu... Revenez à votre respiration et laissez faire naturellement ce va-et-vient dans votre poitrine...

Évoquez un souvenir récent ou plus ancien d'une expérience au cours de laquelle vous avez ressenti la confiance en vous. (Ce n'est pas nécessaire d'avoir réussi un exploit extraordinaire, simplement une bonne tarte aux pommes ou un simple bricolage qui vous a rempli de satisfaction, vous étiez fier de vous.)...

Phase d'ancrage

Replacez-vous dans cette expérience et revivez-la comme si vous y étiez à nouveau... Vous voyez l'expérience... Vous entendez ce qu'il y a à entendre... Vous ressentez ce qu'il y a à ressentir...

Lorsque vous êtes en contact avec le sentiment de confiance en soi, fermez progressivement l'un de vos poings. Plus vous êtes en contact avec ce sentiment de confiance, plus vous serrez le poing...

Ouvrez à nouveau les yeux et regardez autour de vous pour séparer cette expérience de la suivante.

Test

Maintenant, fermez à nouveau les yeux, vérifiez que lorsque vous fermez le poing, le sentiment de confiance en soi revient immédiatement.

Utilisation ultérieure

Plus tard, chaque fois que vous désirerez à nouveau rentrer en contact avec ce sentiment de confiance en vous, il vous suffira de fermer le poing.

L'ancrage peut être également :

- une posture, une attitude (se tenir bien droit, dans son axe, les épaules redressées, avec une profonde respiration) ;

- un dialogue interne positif (« Yes ! » je gagne ! j'y arriverai !).

Certaines personnes ont déjà cet ancrage, par exemple le « yes ! », ancre de confiance en soi courante chez les adolescents d'aujourd'hui sans qu'ils en aient conscience. Cet exercice permet de la conscientiser afin de la renforcer ou d'en installer une autre pour l'utiliser chaque fois que c'est nécessaire.

Les adolescents que j'accompagne ont installé plusieurs ancres portatives : « confiance en soi », « sécurité », « calme » qu'ils ont en permanence à leur disposition. Plus on stimule une ancre, plus elle est efficace, pourquoi s'en priver ?

Les ancres sont aussi de fabuleuses ressources qui nous aident dans les moments difficiles.

Après l'attentat du 11 septembre, lorsque les équipes de psychologues sont arrivées sur les lieux pour soutenir les pompiers de New York éprouvés par la perte de leurs collègues et épuisés par leur travail, ils leur ont demandé ce qui les avait aidés dans ces moments difficiles, leurs réponses furent inattendues :

- une couverture posée sur mon dos,
- un café chaud,
- la main d'un ami sur mon épaule.

Lorsqu'ils y repensaient après, cela adoucissait le souvenir de ce terrible attentat. Il est donc nécessaire de pouvoir accéder à ses ressources en cas de stress.

Désamorcer un conflit en se mettant à la place de l'autre

L'adolescence est la période des conflits. Le jeune teste ses parents, se confronte à eux en s'opposant, en se rebellant, parfois en allant jusqu'au rejet, « Je te déteste, je te hais » disait une fille à sa mère.

De leur côté, les parents se lassent de répéter les mêmes choses sans être entendus : « range ta chambre », « fais ton travail », « débarrasse la table », etc. Ça démarre par ces petites phrases, le ton monte, c'est l'escalade, le conflit se termine en drame et tout le monde est mal.

Les parents éprouvent un sentiment d'échec et d'impuissance et culpabilisent en pensant que les autres parents font mieux qu'eux. Les adolescents sont blessés par les reproches et les jugements qui portent atteinte à leur estime de soi. À ce stade-là, on n'est plus en mesure de réfléchir, il faut prendre du recul.

La plupart des conflits entre parents et adolescents viennent du fait que les uns et les autres critiquent et jugent le comportement de l'autre. Or, le présupposé de la PNL est que tout comportement aussi irritant soit-il, a une intention positive qui correspond à un besoin à satisfaire ou à une valeur que défend votre adolescent.

Il ne s'agit pas pour le parent concerné de tout accepter. Ne rien dire reviendrait à se montrer indifférent à l'adolescent qui se sentirait alors mal aimé, peu important et sans cadre de référence. Il ne s'agit pas non plus d'être une mère ou un père parfait qui ne s'énerve jamais. Cela n'existe pas, nous serions alors inhumains, inaccessibles, tout puissants… ce qui est à la fois impossible et très peu souhaitable !

Dans le langage courant on parle souvent de « se mettre à la place de l'autre » ou de « prendre du recul ». Ce type d'attitude permet d'envisager d'autres solutions et de faire passer les messages différemment. Dans le cas contraire, chacun « campe » sur sa position, persuadé d'avoir raison.

Dans l'exercice suivant, chacun va explorer la position de l'autre en se mettant dans ses chaussures. Ce que nous appelons en PNL : explorer les positions de perception.

Exercice pour explorer les positions de perception

Ce petit exercice propose de jouer un jeu de rôle en utilisant trois espaces différents, repérés préalablement (par exemple, trois chaises différentes) :

– la position 1 (position du parent) ;

– la position 2 (position de l'adolescent) ;

– la position méta, dite de l'observateur « éclairé » (éclairé parce qu'il est neutre : il ne juge pas et n'a pas d'émotions à propos de ce qui se passe).

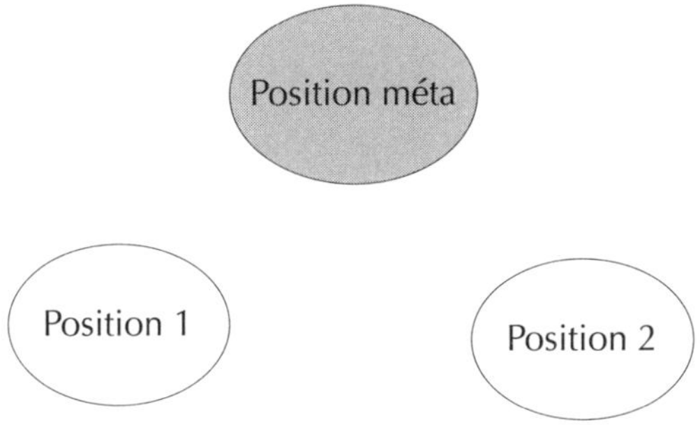

Si vous êtes parent, faites cet exercice seul, pour commencer en utilisant le marquage au sol ou les trois chaises différentes. Disposez sur le sol ou sur les chaises, comme sur le schéma, des feuilles avec l'inscription « position 1 », « position 2 », et « position méta ».

Supposons que vous êtes une mère qui a une difficulté de communication avec son adolescent.

Dans un premier temps, vous vous placez dans la position 1. Vous jouez votre rôle de mère qui s'adresse à son enfant, placé en imagination devant vous en position 2. Vous adoptez l'attitude et le ton avec lequel vous lui parlez habituellement et vous ressentez à nouveau ce que vous ressentez habituellement quand vous faites cela.

►

Puis, vous vous déplacez vers la positon 2. Vous vous mettez dans les chaussures de votre adolescent, en adoptant son attitude, l'expression de son visage et sa gestuelle, en ressentant ce qu'il ressent et en parlant avec ses mots à lui. Vous le découvrez avec ses pensées et aussi avec son corps et ses sentiments.

« N'emportez » pas avec vous les opinions et les sentiments que vous aviez en position 1, l'exercice ne servirait plus à rien.

Ensuite, placez-vous en position « méta » pour réfléchir à la relation.

– Qu'ai-je appris sur mon fils (ou ma fille) en me mettant à sa place ?

– Qu'est-ce qui est important pour lui (ou pour elle), quelle est son intention positive ?

– Qu'est-ce qui est important pour moi sa mère (mon intention positive) ?

– Qu'ai-je compris de l'échange, de la communication entre les deux ?

– Qu'est-ce que je pourrais faire de différent maintenant ?

Dans la position « méta », vous pouvez prendre du recul et trouver l'intention positive de l'un et de l'autre. Vous pouvez aussi réfléchir :

– aux meilleurs moyens de répondre à cette intention positive plutôt qu'au comportement incriminé,

– à la meilleure façon de s'adresser à l'adolescent pour qu'il entende le message.

C'est ainsi qu'une mère, en allant se mettre à la place de son fils, a ressenti, lorsqu'elle faisait irruption dans sa chambre le matin pour le réveiller et lui faire remarquer par la même occasion que sa chambre était un « foutoir », la violence d'être réveillé par des reproches et un sentiment d'une grande incompréhension. Elle a également compris le besoin de son fils d'avoir son espace à lui. En s'appropriant sa chambre, il définissait ce qui lui appartenait, il marquait son territoire.

Derrière le comportement de chacun des deux, il y avait une intention positive, et chacune des deux était aussi importante que l'autre.

Pour elle l'intention positive était le besoin d'être une bonne mère qui transmet l'ordre et la ponctualité : elle avait peur qu'il ne se réveille pas et arrive en retard à l'école. En faisant cela elle ne se rendait pas compte qu'elle ne l'aidait pas à devenir autonome ; bien au contraire, elle le rendait dépendant d'elle pour se réveiller. Elle réalisa qu'elle le traitait encore comme un bébé, qu'elle ne l'aidait pas à grandir, qu'elle avait du mal à se séparer de son petit dernier qui, de son côté, souffrait de cette surprotection. Par son comportement rebelle il la poussait à se séparer de lui. C'est plus facile de le faire sans avoir recours au conflit, si le modèle parental est solide et sécurisant.

Pour le fils, l'intention positive était l'autonomie (se réveiller par lui-même et avoir son territoire à lui) pour grandir et devenir autonome.

La mère décida, à partir de ce jour, de frapper avant d'entrer dans la chambre de son fils, de reconnaître ainsi son domaine privé et de ne plus le réveiller. Elle lui proposa d'utiliser son propre réveil, et de lâcher prise sur le désordre, à condition qu'il limite ce désordre à sa chambre et respecte les espaces communs de la maison. Elle lui fit part de son désir de le voir grandir et devenir autonome, le tout sur un ton calme et affirmatif.

Combien de conflits seraient évités si chacun prenait le temps d'aller découvrir ce qui est important, voire vital pour l'autre. Ce qui est, bien entendu, impossible sur le moment, en plein conflit.

Après les hostilités, en prenant du recul, grâce aux positions de perception, on réfléchit, on prend conscience de ses propres besoins, des besoins de l'autre et on peut s'exprimer sans irritation. Il n'est jamais trop tard pour revenir sur un conflit et essayer de régler le problème *a posteriori*. Il est inutile de se dire : « on n'en parle plus, ça va passer, c'est un mauvais moment ». En général, ça ne « passe » pas comme ça. La rancœur et le ressentiment s'accumulent ; au prochain conflit, le passif non réglé s'ajoute au nouveau qui s'exprime avec encore plus de violence.

Les conflits sont souvent le résultat d'un manque de communication entre parents et enfants et d'un manque de reconnaissance des besoins des uns et des autres. Quand ils sont identifiés, reconnus et exprimés clairement, la possibilité de trouver une solution harmonieuse en est largement facilitée.

C'est l'occasion d'apprendre à l'adolescent comment gérer ses conflits avec ses amis, ses frères et sœurs, ses professeurs. Sans ce savoir-faire, il risque de décrocher à l'école, d'avoir des difficultés relationnelles avec ses amis ou même de tomber dans la délinquance, de déprimer ou de se renfermer sur lui-même en se coupant des autres.

L'estime de soi est au cœur de la prévention de ces difficultés. Plus tôt il aura pris l'habitude de gérer ses conflits, plus il se sentira responsable et aura une bonne estime de soi.

Commencez par expérimenter « les positions de perception » en tant que parent, ce sera plus facile de le guider dans le même exercice en lui proposant de se mettre à la place de la personne avec laquelle il a des difficultés de communication.

À l'adolescence, on remet en question ce qui n'a pas été réglé dans l'enfance. Si certaines règles n'ont pas été intégrées, l'adolescent va les requestionner et par là même questionner votre autorité. Nous en reparlerons au chapitre 6 quand il s'agira de poser les règles et les limites.

Si, en tant que parent, vous vous posez des questions à propos de votre propre adolescence et sur vos réactions aujourd'hui face aux conflits, demandez-vous :

- Comment se géraient les conflits dans ma famille ?
- Comment est-ce que je reproduis une attitude rigide ou laxiste de mes parents ?
- Comment est-ce que j'évite les conflits en laissant tout faire à mes enfants ?
- Est-ce que je me sens « exister » dans mon autorité de parent à travers le conflit ?

Une fois ce bilan établi, parlez-lui de vos vulnérabilités, de vos difficultés et de ce que vous avez fait pour les dépasser. Cela l'aidera à contacter ses ressources pour dépasser ses propres difficultés. Soyez conscient de vos forces et de vos vulnérabilités, c'est le moment de vous remettre en question.

Quand j'avais un conflit avec un de mes enfants adolescents, je me demandais : « qu'est-ce qui se passait pour moi à son âge » ? Ce fut pour moi l'occasion de travailler sur certains vieux conflits non réglés et, comme par hasard, le conflit avec mon fils se débloquait. Comme si notre conflit actuel m'amenait à régler mon conflit interne venu du passé.

Gérer un conflit interne

Une adolescente décrivait ainsi son conflit interne : « Je ne suis pas concentrée, je n'arrive pas à me mettre au travail, quand je suis devant mon contrôle de maths, je pense à ma soirée de samedi soir et quand je pense à ma soirée de samedi, je me dis que je ferais mieux de réviser. »

Au lieu de lui dire : « concentre-toi, mets-toi au travail, il faut te motiver », ce que nous faisons habituellement, Je lui ai répondu :

« Quoi de plus normal que de penser à ta soirée de samedi soir ? À l'adolescence, les amis et les expériences sont tellement importants, et en même temps, je suis sûre que tu veux aussi réussir ton année scolaire ? »

Ils veulent tous réussir leur scolarité, aucun ne veut échouer. Ils sont au cœur d'un conflit interne, une partie veut réussir, une autre partie veut s'amuser et cela se produit **en même temps**.

C'est la même chose pour vous adultes, quand vous vous dites : « je dois terminer mon travail au bureau et **en même temps**, je voudrais être chez moi avec mes enfants ». Bilan : vous ne faites bien ni l'un, ni l'autre. Comme le dit le dicton populaire « on ne peut pas être au four et au moulin ».

Il va falloir conduire une négociation entre ces deux parties qui veulent des choses différentes au même moment pour aboutir à un accord entre les deux parties.

Négocier un accord entre deux parties

Prenons l'exemple de l'adolescente qui n'arrive pas à se concentrer sur son contrôle de maths, parce qu'elle pense à sa soirée de samedi soir.

Pour commencer, demandez-lui de nommer les deux parties (A, celle qui veut travailler et B celle qui veut s'amuser), puis de trouver l'intention positive d'une partie, et l'intention positive de l'autre.

Demandez à la première partie A, celle qui veut travailler : « quelle est ton intention positive ? », elle répondra par exemple : réussir.

– C'est très important pour toi de réussir ? Y a-t-il une autre partie de toi qui t'interrompt quand tu veux travailler ?

– Oui, la partie B qui veut s'amuser.

Demandez alors à la partie B, celle qui veut s'amuser : « quelle est ton intention positive ? », elle répondra par exemple : me détendre, me faire plaisir.

– C'est très important pour toi de te détendre et de te faire plaisir ? Est-ce que la partie A qui veut réussir t'en empêche ?

Si chaque partie gêne l'autre dans son fonctionnement, il est alors possible de négocier.

Demandez à la partie B qui tient à sa fonction positive : se détendre et se faire plaisir, si elle est prête à laisser la partie A travailler sans l'interrompre afin que la partie A accepte de faire de même pour elle ?

Demandez à la partie A (celle qui veut travailler) si sa fonction positive est importante : réussir, si elle accepterait de laisser la partie B se détendre et se faire plaisir pour qu'elle ne l'interrompe plus ?

Une fois qu'on a obtenu l'accord des deux parties, demandez à chacune d'elles de **s'engager** à se conformer à cet accord pendant un certain temps.

L'adolescente par exemple s'est engagée à terminer la révision de son contrôle pendant une heure et à passer du temps après pour organiser sa sortie de samedi soir.

Depuis elle a pris l'habitude de négocier avec les différentes parties d'elle qui se gênent mutuellement et surtout elle tient les engagements pris.

C'est un exercice facile que les adolescents intègrent vite dans les séminaires. Ils me disent qu'ils s'en servent par la suite dans leur vie courante.

Une autre métaphore nous fait bien comprendre également que nous portons en nous un monde intérieur multiple. Il s'agit de celle de l'entreprise dont Pierre Blanc-Sahnoun s'est servi dans son livre, *Mobiliser toutes les facettes de sa personnalité*. Il raconte ainsi avec humour les aventures de notre directeur financier interne, qui veille à la dépense et à la sécurité de nos investissements affectifs, avec notre directeur « Recherche et développement » interne qui a toujours envie d'essayer de nouvelles façons de vivre, tandis que notre directeur commercial interne désire tirer un profit personnel de chaque situation alors que notre directeur des Ressources Humaines interne nous fait nous soucier des autres et que notre directeur de la communication a pour objectif de faire reconnaître à tous que nous existons.

Négocier l'espace-temps

Ce que les adolescents reprochent aux adultes c'est de vouloir « là, tout de suite » ce qu'ils leur demandent. Le conflit se fixe sur ce paramètre : espace/temps. La négociation est possible si chacun reconnaît les besoins de l'autre et trouve un arrangement pour les satisfaire dans cet espace-temps.

Prenons un autre exemple simple de la vie courante entre une mère et son enfant. Le petit enfant veut faire une bataille navale. La mère occupée à préparer le dîner reconnaît les besoins de l'enfant : de plaisir, de compétition (battre maman à la bataille navale).

Elle reconnaît également ses propres besoins : d'efficacité par exemple, elle veut terminer la préparation de son repas pour dîner à l'heure prévue tout en étant une bonne mère.

Elle le lui exprime, en reconnaissant ses besoins et les siens et propose une solution :

— « J'ai entendu que tu voulais faire une partie de bataille navale, cela te ferait sans doute plaisir de me battre et de gagner, je le comprends. J'ai besoin de terminer la préparation de mon dîner, c'est important pour moi de vous préparer un bon repas et de dîner à l'heure. Je me sentirai efficace et plus disponible pour jouer avec toi. Je **m'engage** à jouer avec toi dès que j'ai fini (si ce n'est pas possible avant le dîner, elle peut proposer à un autre moment), tu es d'accord ? »

Vérifiez que l'enfant est d'accord, obtenez son « oui » et son **engagement** à respecter la proposition.

Attention, respectez **votre engagement**, sinon il ne vous fera plus confiance et faites-lui respecter **son engagement** pour qu'il intègre l'engagement dans sa vie.

Il apprendra également que la gratification n'est pas toujours immédiate, mais la frustration est acceptable puisqu'il s'agit seulement d'attendre un peu.

Si vous lui répondiez : « c'est toujours au moment où je suis occupée que tu veux jouer avec moi, tu es fatiguant, laisse-moi tranquille, ça suffit », l'enfant ne se sentirait pas reconnu dans ses besoins. Il pourrait soit se résigner et prendre l'habitude de ne plus demander, soit se rebeller, insister et pleurer pour obtenir ce qu'il veut. Tout ceci pourrait se terminer par une fessée et des cris ou alors par le renoncement du parent excédé qui cède tout.

Le risque est l'escalade du conflit. Chacun en veut à l'autre et accumule du ressentiment qui pourra se manifester avec violence à l'adolescence.

La négociation est un art qui s'apprend et se développe tout au long de la vie. Si elle est bien menée, chacun doit sortir gagnant.

Il ne peut y avoir négociation si les protagonistes ne sont pas d'accord pour négocier. Vouloir gagner ou convaincre l'autre et lui prouver qu'il a raison est une tentative de prise de pouvoir sur l'autre qui mène inévitablement à l'escalade du conflit. C'est ce que l'on observe au niveau collectif, politique, social et syndical.

Celui qui prend l'habitude de négocier avec les parties internes de sa personnalité aura beaucoup plus de facilité à négocier avec les autres, à l'extérieur, de la même façon.

Négocier un conflit de valeur

Quand il n'y a pas de problème « espace-temps », vous pouvez aussi vous sentir tiraillé par un choix à faire. Vous n'arrivez pas à vous décider, vous vivez un autre conflit, que nous appelons un conflit de valeurs. Il ne s'agit pas d'en sacrifier une ou d'en avantager une autre, toutes vos valeurs sont importantes, jouent un rôle dans votre projet de vie et stimulent votre motivation (voir chapitre 7).

Pour résoudre ce conflit de valeurs, la PNL propose une technique qui permet de mettre en évidence les valeurs de chacune des parties de la personne et de trouver une valeur commune à chacune de ces deux parties.

Le conflit peut être **interne** à la personne par exemple : « d'un côté, j'aimerais bien m'arrêter de travailler pour élever mes enfants, d'un autre côté, mon travail me plaît, je voudrais continuer ma carrière professionnelle ».

La partie qui veut s'arrêter de travailler pour se consacrer à ses enfants, les voir grandir, profiter d'eux défend la valeur : famille.

La partie qui voudrait continuer à travailler parce qu'elle a fait des études pour faire le métier qui l'intéresse aujourd'hui et qui a envie de réussir son projet professionnel, défend la valeur : réussite professionnelle.

Le conflit peut être **externe**, entre deux personnes, le parent et l'adolescent par exemple qui veulent des choses différentes.

L'adolescent qui n'aime pas l'école souhaite s'orienter vers une filière spécialisée pour en finir au plus vite avec ses études. Il veut rentrer dans la vie active et gagner sa vie pour s'acheter la moto que ses parents lui refusent. Il défend la valeur : indépendance.

Le parent sait que son adolescent est intelligent, que les diplômes qu'il peut obtenir s'il poursuit ses études l'aideront à trouver plus facilement du travail et réussir mieux dans sa vie plus tard. Il défend comme valeur : la sécurité que représente la réussite scolaire.

Là aussi, trouvez la valeur commune aux deux personnes et décidez ensemble de ce qui convient aux deux.

Je vous propose, un exercice, afin de mieux comprendre ce qui se passe quand vous êtes confronté à un conflit de valeurs. Ne prenez pas de décision en plein conflit. Quand celui-ci sera résolu, vous ressentirez une paix intérieure et, seulement à ce moment-là, vous pourrez faire votre choix et prendre une décision.

Exercice pour négocier un conflit de valeurs interne

Trouvez un endroit tranquille pour éviter d'être dérangé pendant l'exercice et faites-le à deux : une personne dicte l'exercice, l'autre suit les consignes.

Vous êtes parent, vous êtes confronté à un conflit interne entre deux parties de vous qui veulent des choses différentes : d'un côté, arrêter de travailler pour vous consacrer à votre famille (enfants et conjoint) ; d'un autre côté, continuer à travailler pour réussir votre projet professionnel.

Commencez par nommer les deux parties de la personne en conflit.

– Installe-toi confortablement, tu es assis, les mains posées sur tes cuisses, les paumes ouvertes. Tu places dans une main, la partie « travail » et dans l'autre main la partie « famille », de façon à bien les séparer, pour mieux les visualiser et les comprendre.

– Représente-toi symboliquement chaque partie. *(Par exemple la partie « travail » peut être symbolisée par un cheval, la partie « famille » par un soleil.)*

►

– Soupèse dans chaque main le poids de l'une et de l'autre. Commence par explorer une première partie, celle que tu as nommée : « travail ». Demande à cette partie de te donner son intention positive lorsqu'elle travaille. Si elle te répond qu'elle se sent efficace, remercie-la pour son intention positive et, à partir de son intention positive, demande-lui ce qu'elle satisfait de plus important encore quand elle est efficace. Elle répond par exemple : être reconnue. Monte dans la hiérarchie des valeurs :

– Quand elle te permet d'être reconnue, qu'est-ce que cela t'apporte de plus important encore ?

– L'épanouissement.

– Quand elle t'apporte la reconnaissance et l'épanouissement, qu'est-ce que cela te permet d'obtenir qui est encore plus important ?

– La sérénité et là je suis très heureuse, c'est le bonheur.

Procédez de la même façon avec l'autre partie nommée « famille » et symbolisée par le soleil.

– Demande-lui son intention positive quand elle veut s'occuper de sa famille. Elle répond : je me sens utile. Remercie-la pour son intention positive et à partir de là : être utile. Monte dans la hiérarchie des valeurs :

– Quand elle se sent utile cette partie, qu'est-ce que cela t'apporte qui est très important ?

– De l'amour de mon mari et de mes enfants.

– Quand elle te permet de recevoir de l'amour de ton mari et de tes enfants, qu'est-ce que cela t'apporte de plus important encore ?

– Beaucoup de joie, je suis heureuse, c'est le bonheur.

Une fois que vous avez trouvé une valeur commune, comme dans cet exemple : le bonheur, vous pouvez faire prendre conscience à la personne que ses parties poursuivent le même but : son bonheur.

▶

Chacune des deux parties possède des qualités et des ressources propres à chacune. La partie « travail », symbolisée par le cheval est courageuse, volontaire et forte. La partie « famille » symbolisée par le soleil est chaleureuse, généreuse et disponible. Les deux parties comprennent mieux l'intérêt d'une coopération. Elles peuvent s'enrichir des qualités et des ressources de l'une et de l'autre. Elles s'aperçoivent qu'elles ont beaucoup plus de points communs et qu'elles peuvent collaborer.

– Quelles sont les qualités et les ressources de ces deux parties ? nomme-les.

– Propose à ces deux parties de s'enrichir des qualités et des ressources de l'une et de l'autre.

– Permets-leur de faire connaissance et de s'apprécier mutuellement puisqu'elles poursuivent le même but : ton bonheur.

– Ferme les yeux, laisse tes mains faire ce qu'elles ont à faire, peut-être se regarder et se rapprocher.

(Quand les deux mains se sont rejointes, prendre du temps pour l'intégration.)

– Pose les mains sur ta poitrine et ressens cette énergie nouvelle, cette unité intérieure. Respire sur ce sentiment de paix pour que la réconciliation s'installe.

Ne pas commenter ce travail, laisser le processus d'intégration se poursuivre.

En général, les adolescents apprécient cet exercice. Vous pourrez le proposer au vôtre quand il est confronté à un conflit de valeurs.

Les relations des adolescents avec leurs professeurs

Élodie, diagnostiquée « intellectuellement précoce », est en quatrième. En lui remettant sa copie, son professeur de maths lui fait régulièrement le commentaire ironique suivant : « Toi la surdouée, tu n'as qu'un 16/20 ! » Élodie a décroché en installant une croyance : « je suis nulle en maths ».

Ses notes ont chuté et elle a perdu petit à petit confiance en elle. Fort heureusement, elle a pu travailler sur sa croyance limitante, changer son comportement et retrouver le goût des maths ainsi que la confiance en soi.

Certains professeurs pensent que c'est en critiquant les élèves qu'ils les stimulent. C'est souvent l'effet contraire qui se produit, sauf peut-être pour ceux qui aiment la compétition et qui relèvent le défi. Et pourtant, même ceux-là finissent quand même par se fatiguer un jour. Chemin faisant, ils ont souvent dû sacrifier une partie d'eux-mêmes, la relation aux autres et une bonne estime de soi. Or, comme nous l'avons souligné, la réussite scolaire suppose une bonne estime de soi, une bonne motivation ainsi qu'une bonne méthode de travail.

Les adolescents peuvent parfois être insolents et agressifs avec les professeurs. Nous pouvons le regretter et le désapprouver complètement. Il est néanmoins intéressant de se demander quelle est leur part de responsabilité.

On peut d'ailleurs désapprouver tout autant les insultes de certains enseignants, tel ce professeur de biologie qui a traité un élève de « déchet » devant toute une classe. Il croyait pratiquer l'humour !

Je rencontre certains de ces enseignants dans mes formations et en consultation. Dans l'ensemble, ils veulent changer et se donnent les moyens d'évoluer vers une meilleure relation avec leurs élèves et, peut-être, une meilleure pédagogie. J'ai une grande admiration et beaucoup de respect pour ceux qui cherchent à se remettre en question. Fort heureusement, tous ne rencontrent pas des problèmes relationnels. Certains me parlent de la richesse de leurs relations avec leurs élèves. Ils sont créatifs et leur donnent l'envie d'apprendre.

C'est la seule attitude possible si l'on veut obtenir de bons résultats.

Je suis choquée par les propos tenus, encore aujourd'hui, par certains professeurs à la rentrée des classes. Croyant stimuler leurs élèves, ils les découragent avant même de commencer les cours :

« La moitié de cette classe n'aura pas son Bac et encore, ceux qui l'auront sont presque sûrs de se retrouver au chômage à la fin de leurs études ! »

On peut s'étonner d'entendre de tels discours car si ces méthodes donnaient de bons résultats, la teneur même du discours n'aurait plus lieu d'être !

Il serait vraiment utile que ces enseignants se rappellent qu'ils sont des modèles et qu'ils ont une grande influence sur leurs élèves. Nous nous souvenons des professeurs exigeants et respectueux qui ont cru en nous à un moment de notre scolarité et qui ont nourri notre estime de soi. Souvent, nous leur devons beaucoup et leur nom est resté gravé dans notre mémoire.

Aujourd'hui j'enseigne la communication à des adultes qui sont encore traumatisés par le comportement d'anciens professeurs. Ainsi lorsqu'ils se retrouvent en situation d'apprentissage, ils sont tout à coup rattrapés par leur passé scolaire et perdent leurs moyens en retrouvant des scènes humiliantes qui les ont traumatisés.

Dans un groupe de formation, un stagiaire rapporte qu'il est très gêné quand il se retrouve devant un groupe de personnes qu'il ne connaît pas. Pendant un exercice, il retrouve une expérience du passé au cours de laquelle il avait mordu un petit enfant à l'école. Son instituteur l'avait emmené dans une autre classe d'enfants plus grands que lui en leur présentant « le nouveau chien de l'école ». Évidemment tous les élèves avaient ri. Lui était tétanisé par la honte !
Pendant la formation, le contexte d'apprentissage avait restimulé cette expérience traumatisante. Il a pu traiter cette scène du passé et il peut maintenant s'exprimer, même devant un groupe de personnes qu'il ne connaît pas.
Visiblement le comportement de ce professeur (qui se voulait pédagogique) a produit l'effet contraire.

Notre personnalité s'est constituée autour de multiples constructions. Nos souvenirs douloureux (qui sont des représentations de nos expériences) sont enfouis dans notre inconscient. Notre conscient, lui, les a oubliés. C'est une réaction de défense bien souvent utile. J'entends souvent des personnes m'avouer : « de mon enfance, je ne me rappelle rien ».

L'être humain ne veut pas souffrir, une partie de lui a décidé d'oublier et tant mieux, car parfois en entendant certaines histoires, je suis pleine d'admiration pour cette personne qui a, malgré tout, réussi à s'en sortir.

Certains y parviennent tout seuls, d'autres ont besoin de se faire aider.

La plupart du temps, les adultes maladroits ont une bonne intention. Ils font ce qu'ils font « pour le bien » de l'enfant. Malheureusement, les messages de haine, les humiliations, les dévalorisations, les coups, ça fait mal, ça ne fait pas de bien.

Dans son livre, *C'est pour ton bien*, Alice Miller relate la vie d'Hitler. À l'époque de la « pédagogie noire », en Allemagne, on frappait les bébés pour les éduquer et on « dressait » les enfants à coups de ceinture « pour leur bien ». Cette éducation a produit des tyrans pour le plus grand bien de la société en général et de l'Europe en particulier.

Dire ce que l'on pense à quelqu'un est compréhensible, mais il faut bien se rappeler, que si l'on veut faire accepter son message, cela dépendra de la façon de le dire.

Le métier de parents est à la fois merveilleux et difficile. On peut adopter des manières différentes d'être parent à l'intérieur d'options fondamentales épanouissantes à la fois pour le parent comme pour l'enfant. C'est ce que décrit très bien Michèle Batany dans son ouvrage : *Quel parent voulez-vous être ? — Parents, pensez aussi à vous.* L'ouvrage vous révèle quel parent vous êtes et vous montre comment devenir le « parent idéal » que vous vouliez être ! Il propose un style éducatif bénéfique pour l'adulte comme pour l'enfant où parent(s) et enfant(s) forment ensemble « une équipe qui gagne » !

Faire la paix avec les blessures du passé

Dans la relation avec votre adolescent, vous êtes guidés inconsciemment par votre enfant intérieur qui porte encore certaines blessures du passé. Vos réactions excessives sont une partie de vous qui vous pousse à réagir émotionnellement avec excès. Beaucoup de parents portent en eux un enfant blessé sans s'en rendre compte, accusent leurs enfants et projettent inconsciemment sur eux leur propre histoire.

Je reprends le cas de Sophie qui s'adressait à son père pour lui demander la permission de rentrer plus tard le samedi suivant. Sa croyance était : « mon père s'en fiche de moi ». Cherchons d'où vient cette croyance.

La mère de Sophie n'arrête pas de répéter que leur père ne s'intéresse pas à ses filles, qu'il ne pense qu'à son travail. Sophie et sa sœur font leur « crise d'adolescence » chacune à leur façon, Sophie provoque son père ; sa sœur se renferme et s'isole.

Au cours d'une séance avec la mère, celle-ci m'explique que ses parents ont divorcé alors qu'elle était très jeune, elle et sa sœur jumelle. Leur mère les a abandonnées, elle a vécu sa vie, sans se préoccuper de ses filles qui vivaient avec leur père, un notable. Elle choisissait ses nombreux amants dans une classe sociale très différente de la sienne, ce qui à l'époque était « scandaleux ». À leur adolescence, leur père a rencontré une autre femme et a émancipé ses filles pour qu'elles soient autonomes et surtout, dit-elle, « pour qu'on lui fiche la paix. **Il s'en fichait complètement de nous**. Il nous a abandonnées, en nous laissant vivre seules dans un appartement. Nous étions complètement livrées à nous-mêmes. » Ce deuxième abandon du père venait se rajouter à l'abandon de la mère.

Elle projette aujourd'hui sur ses filles adolescentes ses blessures du passé. Et à force de répéter à Sophie que son père ne s'occupe pas d'elle, celle-ci l'a complètement intégré et en a fait sa croyance.

Sophie se bat avec les limites que son père lui pose. Elle fréquente de jeunes voyous pour provoquer ses parents. Sans s'en rendre compte, elle reproduit les comportements « scandaleux » de sa grand-mère maternelle. Inconsciemment, elle pousse ses parents à regarder leur propre passé.

Elle est intelligente, elle a compris qu'elle avait à faire le tri entre ce qui lui appartient et l'histoire de sa mère et de sa grand-mère.
Pour la mère c'est encore difficile d'admettre qu'il y a un rapport entre l'histoire de sa mère et sa fille.

Vous êtes parents, si vous souhaitez assainir vos relations entre vos propres parents et vous-même, je vous propose un exercice qui consiste à écrire trois lettres.

Si votre relation avec vos propres parents est « politiquement correcte », mais que vous évitez de les voir parce que vous ne supportez plus leurs jugements, leurs critiques, si vous vous dites « ils sont vieux, ils ne changeront pas, à quoi bon ? », ces lettres vous permettront de mettre à jour tout ce que vous avez refoulé depuis des années et qui parasite votre relation avec eux aujourd'hui. Même s'ils ne sont plus de ce monde, vous pouvez être parasité par le souvenir de la relation.

Mes clients qui ont fait ce travail me disent qu'ils se sentent libérés. Leur relation avec leurs parents a changé pour devenir authentique, basée sur l'échange et le partage. Ils ne leur en veulent plus. Ils les acceptent comme ils sont et éprouvent pour eux de la compassion.

Avant de commencer ces trois lettres, je vous rappelle que vos parents ont été des modèles positifs et négatifs. Ils vous ont influencé et vous reproduisez consciemment et inconsciemment leurs comportements. Les répétitions de ce qui était négatif entraînent des conséquences fâcheuses dans vos relations avec vos enfants aujourd'hui et en particulier avec vos adolescents.

Vous allez écrire trois lettres :

- une lettre de reproches (*attention*, c'est un travail pour vous, elle ne doit pas être envoyée) ;
- une lettre de compréhension ;
- une lettre de remerciements (celle-ci, vous pourrez leur lire ou leur remettre).

Vous écrivez d'abord les trois lettres à l'un des parents et ensuite vous écrivez les trois lettres à l'autre parent.

La lettre de reproches

Écrivez la première lettre à l'un des deux. Imaginons que vous décidiez d'écrire d'abord à votre mère. Je rappelle que vous pouvez tout dire puisque cette lettre ne lui sera jamais envoyée. Il s'agit de lui noter par écrit ses **comportements négatifs**, de faire ressortir en quoi elle était un **modèle négatif**, les besoins qui n'ont pas été reconnus ni satisfaits à l'époque et les **conséquences négatives** sur votre vie aujourd'hui.

C'est la première étape du processus de réparation. Elle vous permet de prendre conscience de l'importance de vos blessures. La colère liée aux blessures du passé est toujours à l'intérieur de vous. Laissez libre cours à votre écriture, ne contrôlez ni le style, ni la syntaxe, laissez parler votre cœur, libérez-vous du ressentiment et de la colère. Vous pouvez même exprimer de la haine ou de la rage. Si c'est ce que vous ressentez, ne vous censurez pas.

Prenez des exemples précis, sans trop entrer trop dans les détails, mais soyez suffisamment précis pour que le traumatisme soit présent.

Elle pourrait commencer comme ceci :

Maman, ou Mère, (nous avons tous eu une mère, pas forcément une maman).

Quand tu ne me manifestais pas de tendresse, je ne me sentais pas aimée, j'aurais eu besoin que tu me prennes dans tes bras et que tu me dises que tu m'aimais. Je te trouvais froide et distante *(le modèle est **froide et distante**)*, les conséquences sur ma vie aujourd'hui c'est que je ne sais pas être tendre et affectueuse avec mes enfants. Pour cela je t'en veux !

Quand tu contrôlais tous mes faits et gestes et que tu décidais tout à ma place, je me sentais surveillée, j'aurais eu besoin de me sentir libre, d'aller danser de m'amuser comme tous les jeunes de mon âge. Je te trouvais autoritaire et contrôlante *(le modèle est **autoritaire et contrôlante**)*, les conséquences sur ma vie aujourd'hui c'est que je ne supporte pas l'autorité et que j'ai tendance à contrôler la vie de mes enfants. Lorsque je pense à cela, je me sens très en colère contre toi et je te déteste !

Faites la liste de tous les comportements négatifs en ressentant la colère qui vous anime encore, le sentiment, les besoins non satisfaits à l'époque et les conséquences négatives sur votre vie aujourd'hui.

►

▶
Cela peut se faire en plusieurs étapes. Les souvenirs vont remonter les uns après les autres, comme si vous dérouliez le fil de tout ce qui était attaché au ressentiment et à la colère. Tout le temps que vous ressentez la colère, complétez la lettre, faites ressortir d'autres modèles négatifs.

Allez jusqu'au bout de la colère.

Quand vous aurez terminé la lettre, écrivez les modèles négatifs sur des cartons et munissez-vous d'une batte de base-ball ou d'une raquette de tennis, placez vos cartons avec les modèles négatifs sur un gros coussin. Adoptez une position confortable devant le coussin, le dos bien droit, en respirant profondément, vous prenez votre batte ou votre raquette à deux mains, vous levez les bras au-dessus de votre tête. Déchargez votre colère verbalement et physiquement en frappant le coussin. Vous libérez votre corps de toutes les tensions accumulées pendant des années. Respirez bien profondément entre chaque coup. C'est un véritable nettoyage. Vous risquez d'avoir des courbatures, c'est bon signe, une énergie saine et nouvelle s'empare de vous. Vous êtes prêts pour l'étape suivante.

La lettre de compréhension

C'est un dialogue entre deux enfants de 10 ans environ, vous et l'un de vos parents. Se mettre à la place de quelqu'un d'autre, vivre ce qu'il vit, permet de mieux le connaître sans le juger.

Vous avez besoin de comprendre la vie de vos parents, elle vous appartient. C'est le début de la compassion envers votre enfant intérieur et l'enfant à l'intérieur de vos parents. En faisant ce travail, vous serez plus proche de votre adolescent.

Vous utiliserez le modèle des positions de perception. Placez deux chaises l'une en face de l'autre. Sur une chaise, prenez la place de l'enfant que vous étiez quand vous aviez 10 ans. En face il y aura virtuellement votre mère ou votre père, âgé(e) de 10 ans. Vous prendrez le temps nécessaire pour vous associer à chacun de ces enfants. Pour cela vous pouvez vous aider d'une photo de vous à 10 ans et d'une photo de votre mère ou de votre père lorsqu'il ou elle avait 10 ans. Vous gardez ces photos à proximité de chaque chaise.

▶

▶

Vous commencez par être vous-même, l'enfant de 10 ans, assis sur une chaise, vous imaginez que vous êtes coiffé et habillé comme sur la photo, vous adoptez l'attitude de cet enfant de 10 ans et vous êtes dans l'environnement de vos 10 ans.

En face de vous il y a un autre enfant de 10 ans environ (votre mère ou votre père à 10 ans). C'est un dialogue entre vous et votre mère par exemple. Vous *(Juliette pour l'exercice)* et votre mère *(Angèle pour l'exercice).*

Vous commencez par vous présenter et vous écrivez le dialogue.

Juliette (assise sur une chaise) — Bonjour Angèle, je suis Juliette, j'ai 10 ans, j'habite à tel endroit, je vis avec mes parents. J'aimerais connaître ta vie, peux-tu m'en parler. Où vis-tu, que font tes parents, etc. ?

(Vous changez de chaise, vous devenez Angèle.)

Angèle — Bonjour, je suis Angèle, j'habite à tel endroit, mon père est militaire et ma mère ne travaille pas, elle nous élève ma sœur et moi. Mon père est absent, il revient tous les six mois, il est très dur avec nous. J'ai peur de lui.

Changez de chaise pour redevenir Juliette

– Que fait-il ton père qui te fait peur ?

Chaque fois que vous changez de personnage, vous changez de chaise et vous prenez le temps de devenir le sujet interviewé.)

– Il crie et parfois il nous frappe ma sœur et moi. Ma mère a aussi très peur, elle nous dit de ne pas l'énerver, quand elle veut l'empêcher de nous frapper, c'est elle qui prend les coups et il la traite de tous les noms…

Laissez venir les sensations, les sentiments, retrouvez l'ambiance de la vie de votre mère, ne cherchez pas à analyser, laissez-vous surprendre par ce qui arrive et écrivez ce qui se passe.

C'est une expérience pleine de surprises. Lorsqu'elle s'est mise à la place de sa mère, une de mes clientes a écrit dans un dialecte qu'elle ne connaissait pas. Sa mère était morte depuis longtemps. Elle a écrit sans chercher à comprendre ce dialecte, sans se censurer. Après enquête auprès d'un oncle, elle a découvert que c'était la langue maternelle de sa grand-mère dans laquelle elle parlait à ses enfants quand ils étaient petits. Ma cliente n'avait jamais entendu sa propre mère lui parler dans cette langue. Elle a pu mesurer à quel point l'enfance de sa mère (qui était très dure avec elle) avait été difficile. Elle était libérée de la colère grâce à la première lettre. Elle a commencé à éprouver de la compassion.

La lettre de remerciements

C'est celle qui restaure le lien d'amour. Vous n'en voulez plus à vos parents, ils ont eu leurs propres blessures. Vous ressentez un sentiment nouveau pour eux associé à un état de paix intérieure. Vous êtes capable de reconnaître tout ce qu'ils vous ont donné. Vous les voyez comme des êtres humains avec leurs forces et leurs limites. Vous les acceptez tels qu'ils sont. C'est le moment d'éprouver de la gratitude pour eux.

Comme dans la première lettre vous allez faire ressortir les modèles, positifs cette fois. Tous les comportements positifs de votre mère, par exemple, et les conséquences sur votre vie aujourd'hui. Si vous le pouvez, essayez de trouver autant de modèles positifs que vous avez trouvé de modèles négatifs, mais n'inventez rien.

Cette lettre pourrait commencer par :

Maman,

Quand tu invitais mes amies à jouer et dormir à la maison, tu nous apprenais à faire de la pâtisserie, tu inventais des recettes *(modèle **accueillante et créative**)*. J'étais heureuse et fière de montrer à mes copines tes compétences en pâtisserie. Grâce à toi, j'aime recevoir mes amis, je fais preuve de créativité dans ma vie, pour cela je te remercie.

Je vous rappelle que vous devez écrire les trois lettres d'abord à un parent, puis, ensuite, vous écrivez les trois lettres à l'autre parent.

Demander pardon à ses enfants

Quand vous aurez pardonné à vos parents, grâce à ces trois lettres, ou en ayant entrepris un travail individuel ou de groupe, vous pourrez demander pardon à vos enfants.

Vous ressentez aujourd'hui de la tendresse pour vos parents, c'est un élan d'amour qui vous pousse maintenant à faire la paix avec vos enfants. Vous êtes prêts à parler de ce qui les a blessés et de ce qui vous sépare aujourd'hui.

Prenez rendez-vous avec votre adolescent, en précisant que cela ne sera pas long et que vous ne voulez pas être dérangés. Commencez en vous installant en face de lui, en le regardant dans les yeux, parlez-lui avec votre cœur :

« J'ai quelque chose à te dire, c'est très important pour toi et pour moi. Je te demande de m'écouter et de ne pas m'interrompre. Tu pourras me parler quand j'aurai fini.

Dans le passé, j'ai fait des erreurs avec toi, je ne savais pas tout ce que je sais aujourd'hui. Je t'ai certainement blessé et je le regrette sincèrement.

Je veux que tu saches que, si je t'ai blessé, c'était involontaire. Je l'ai fait par ignorance et, pour toutes ces blessures, aujourd'hui je te demande pardon.

Prends le temps pour me répondre. Si tu n'es pas prêt à me pardonner, je le comprends et j'attendrai. Ce dont je suis certaine aujourd'hui, c'est que je t'aime et que je t'ai toujours aimé. »

C'est un moment fort qui ne laisse indifférent ni les parents, ni les enfants. Il permet d'adoucir la relation et de faire la paix.

Si certains enfants sont trop en colère contre leurs parents et que, malgré cette démarche, ils ont besoin de temps pour pardonner, permettez-leur de prendre ce temps et proposez-leur de reparler plus tard de ce qu'ils gardent sur leur cœur. S'ils ne peuvent pas vous en parler parce que c'est trop douloureux pour eux, proposez-leur d'aller déposer leurs blessures chez un professionnel.

Quand le moment sera venu de vous parler, écoutez ce que votre enfant a à vous dire et ressentez sa blessure. Ne vous justifiez pas, ne faites pas des excuses trop rapides. Vous ignorez ce qu'il a ressenti, reconnaître sa blessure aujourd'hui lui apportera le soulagement et votre lien d'amour sera restauré.

Dites-lui par exemple : « je regrette sincèrement tout cela, je te demande pardon, es-tu prêt maintenant à me pardonner ? » C'est très rare que les enfants ne pardonnent pas à leurs parents quand ils sentent leur sincérité et leur empathie.

Dans les cas de maltraitance, violence, inceste, cette démarche n'est pas appropriée. Les parents ne peuvent pas gommer d'un seul coup des blessures qui se sont accumulées au fil des années. Là aussi, chacun aura un travail approfondi à entreprendre pour guérir du passé et restaurer une estime de soi qui est certainement précaire.

Il n'est jamais trop tard pour reconnaître ses erreurs et faire la paix avec les blessures du passé. En revanche, c'est toujours aux enfants à qui l'on dit : « demande pardon ». Pourquoi les parents ne demanderaient-ils pas pardon à leurs enfants ?

Les parents sont des modèles pour leurs enfants. En leur demandant pardon, ils témoignent de leur capacité à reconnaître leurs erreurs. Cela ne remet pas en cause leur estime de soi, bien au contraire.

Acceptez d'être imparfaits, là aussi le modèle joue. C'est décourageant pour un adolescent d'avoir un parent « parfait ». Il ne sera jamais aussi bien que papa ou maman.

Un adolescent qui avait bien réussi jusque-là, s'est mis à travailler de moins en moins bien au lycée. Le proviseur convoqua les parents et, devant la quantité de diplômes du père qui avait fait de brillantes études et qui en parlait avec fierté, il fit remarquer : « C'est difficile de faire mieux que papa, je crois qu'il a baissé les bras. »

Quand apprendrons-nous le métier de parent à l'école ?

J'ai appris comme vous sur le terrain, grâce à mes expériences plus ou moins heureuses, au travers de mes lectures, dans les échanges avec mes amis, dans les formations que j'ai suivies, par des rencontres avec des personnes compétentes, capables de transmettre leurs expériences avec humilité et prudence. Personne ne détient la vérité dans ce domaine.

J'ai beaucoup appris avec les adolescents que j'accompagne un bout de chemin. Ceux qui m'ont le plus fait grandir ce sont mes propres enfants et mes petits-enfants que je remercie du fond du cœur. Je suis persuadée que ce sont nos meilleurs thérapeutes. Ils nous questionnent sans cesse sur nous-mêmes et c'est formidable de pouvoir faire grandir les parties de nous qui ont été stoppées dans leur croissance. En faisant la paix avec notre passé, nous installons des relations plus paisibles avec nos enfants ce qui favorise leur estime de soi et renforce la nôtre.

Transformer les blessures en talents

Maintenant que vous avez plus de recul avec votre passé, vous êtes dans une énergie de paix intérieure, vous pouvez commencer à vous demander quel sens attribuer à la souffrance que vous avez vécue. Vos blessures, lorsqu'elles sont guéries, se révèlent être vos talents. Laissez-vous guider par votre cœur plus que par votre tête et demandez-vous :

- qu'ai-je appris de mes blessures ? et de celle-ci en particulier, qui était répétitive ?
- qu'ai-je développé comme ressources pour les dépasser ?
- quels sont les obstacles que j'ai rencontrés et comment ai-je fait pour m'en sortir ?
- qu'est-ce que cette blessure m'a révélé de moi-même, de qui je suis ?

- dans quel domaine de ma vie j'excelle ? Est-ce que cela a un lien avec mes blessures ?
- est-ce qu'une blessure en particulier était initiatique ? Qu'a-t-elle révélé de mon âme ?
- puis-je donner un sens à ma vie aujourd'hui, à partir de ces blessures ?

Si vous ne pouvez pas répondre à toutes ces questions maintenant, laissez-les de côté, c'est un processus en marche, les réponses vous seront données tôt ou tard par votre soi. Les deux derniers chapitres vous aideront à faire cette démarche pour trouver votre contribution au monde.

Si vous ne vous sentez pas prêts à faire seul ce travail d'écriture des lettres et que vous n'êtes pas prêts à entreprendre une psychothérapie approfondie, vous pouvez faire ce travail en groupe concentré sur une semaine environ. Il existe des psychothérapeutes compétents qui ont fait leurs preuves depuis de nombreuses années et qui proposent des ateliers ponctuels pour régler ce type de problèmes.

Le groupe est un soutien fondamental dans ce travail de lettres. Il vous fait mesurer l'importance des actes dommageables que vous aviez peut-être tendance à minimiser. Vous n'êtes plus seul, des adultes compatissent à la blessure de votre enfant intérieur. Leur empathie est profondément guérissante.

Attention, si vous avez beaucoup de haine envers vos parents, si vous n'avez plus de contact avec eux, si la relation est coupée depuis longtemps et qu'il s'est passé des événements graves dans votre enfance, ces trois lettres ne seront pas appropriées. Il vous faudra déposer votre « fardeau » chez un psychothérapeute habitué à recevoir les émotions sans être débordé. Il aura déjà fait l'expérience sur lui-même d'un travail émotionnel. Il n'excusera pas trop vite vos parents en disant : « ils ont fait de leur mieux ». C'est vrai, mais cela ne vous soulagera pas et ne réparera pas la relation.

Un professionnel averti est un témoin de votre préjudice, il reçoit votre souffrance avec une empathie faite d'écoute et de compréhension et vous permet de restaurer votre estime de soi.

POINTS CLÉS

- Faites la différence entre qui il est et ce qu'il fait. La personne garde sa valeur intrinsèque. Les comportements insatisfaisants peuvent se corriger et s'améliorer.
- Votre adolescent est unique, il ne perçoit pas et n'interprète pas la réalité comme vous. Essayez de découvrir et comprendre son modèle du monde, plutôt que chercher à lui imposer le vôtre.
- Sachez demander pardon à vos enfants pour vos erreurs qui les ont peut-être blessés. Il n'est jamais trop tard pour les reconnaître, vous témoignez ainsi par l'exemple et lui transmettez la capacité à reconnaître ses propres erreurs.

CHAPITRE 5

Écouter vraiment, communiquer efficacement

Faire passer un message

- **Tu** n'as pas rangé ta chambre !
- **Tu** n'es jamais à l'heure !
- **Tu** es un paresseux !
- **Tu** es incapable de réussir !
- Tu… Tu… Tu…

C'est ce qu'on appelle la communication « klaxon » (tut tut tut) qui lui fait mal aux oreilles, le blesse et le fait douter de lui. Au bout de trois ou quatre « **tu** », il se bouche les oreilles, au sens propre ou au sens figuré et ne vous entend plus.

J'ai pratiqué moi-même la communication klaxon avec mes enfants jusqu'au jour où mon fils aîné m'a regardée droit dans les yeux et m'a demandé : « Est-ce qu'il y a une seule chose que je fais bien ? »

J'ai réalisé que ce n'était pas la bonne façon de lui faire passer un message et, surtout, que cela ne l'aidait pas à avoir confiance en lui. Je lui ai dit que j'étais désolée et j'ai reconnu qu'il y avait plein de choses qu'il savait bien faire mais que je ne savais pas le lui dire.

La communication sert à faire passer les messages de façon à ce qu'ils soient reçus et compris. Pour cela il faut savoir écouter attentivement d'abord et s'exprimer avec respect et bienveillance ensuite.

Or, les messages des adultes ont un impact direct sur l'estime de soi des enfants qui s'en servent pour se connaître et se construire. La répétition de messages négatifs a pour inconvénient d'installer des croyances limitantes et amène l'adolescent à démissionner. Par exemple, si vous répétez : « tu es lent », il finit par croire qu'il n'est pas capable de faire les choses aussi rapidement que les autres. Il s'identifiera à cette prétendue incapacité et dira en parlant de lui : « Je suis lent » comme s'il s'agissait d'une caractéristique inchangeable. Certains me confient : « quoique je fasse, ça ne va pas. Elle n'est jamais contente ! » ou « ça ne sert à rien, je ne ferai jamais aussi bien que lui ».

En résumant, on peut dire que ce n'est pas en insistant sur leurs insuffisances que vous allez les aider à progresser.

À l'inverse, les messages positifs répétitifs peuvent accroître leur potentiel et augmenter l'estime de soi. Par exemple, si vous dites : « tu es débrouillard » cela lui permettra de croire davantage en lui, de sortir plus aisément de certaines situations bloquées et d'aller sans crainte vers le succès.

Le feed-back « sandwich »

Ou comment faire passer un message sans blesser.

La première chose à faire, c'est d'établir un bon rapport pour créer un climat de confiance, préalable à toute communication. Vous utiliserez une méthode très simple : le feed-back sandwich.

Un sandwich « classique » est composé d'une tranche de pain, d'une tranche de jambon et d'une autre tranche de pain :

- la première tranche de pain sera un message positif ;
- la tranche de jambon ce sera une ou deux pistes d'amélioration ;
- la deuxième tranche de pain sera un autre message positif.

Commencez toujours par du positif pour que votre adolescent soit ouvert, disposé à entendre votre suggestion.

– La première tranche de pain, c'est ce que vous appréciez chez lui, ce qu'il sait bien faire. Restez factuel, rappelez les faits que vous avez observés, en étant sincère et précis, par exemple : « J'apprécie beaucoup que tu aies respecté les horaires pour rentrer samedi soir et que ce soir tu aies pensé à sortir les poubelles sans que je te le demande. »

– La tranche de jambon est constituée par une ou deux (maximum) pistes d'amélioration. C'est le message que vous voulez faire passer. En donner plus de deux risquerait de le bloquer. Votre objectif est qu'il entende, pas qu'il se bouche les oreilles. par exemple : « Ce que je te propose comme pistes d'amélioration c'est que tu ranges ta chambre une fois par semaine et que tu consacres un moment chaque soir à ton petit frère. »

– La deuxième tranche de pain est le bouclage positif, par exemple : « Je sais que je peux compter sur toi, tu es généreux et tu es capable de progresser, tu l'as déjà montré dans le passé. »

Depuis que je fais des feed-back sandwichs, mes enfants ont adopté cette formule avec leurs amis et aussi avec nous, leurs parents. Je peux vous dire que ça marche ! Je tiens compte des pistes d'amélioration et leur père aussi.

Pensez aussi à constituer un stock de « pain » pour vos messages positifs. Observez ce qu'il fait de bien, mettez-le de côté, cela vous aidera pour faire vos feed-back sandwichs. Et surtout, soyez sincères. Si vous manipulez, votre adolescent le sentira, ce qui nuira à la confiance qu'il vous porte.

Se synchroniser pour créer un climat de confiance

J'ai envisagé un moment de commencer mon livre par là, tant il est important à me yeux de savoir créer une relation dans un climat de confiance. Savoir être présent à l'autre, installer ce champ relationnel avec empathie.

■ *Se synchroniser au niveau non verbal*

La PNL est née de l'observation d'excellents communicateurs. Par exemple Milton Erickson avait développé un sens de l'observation tel que ceux qui ont travaillé avec lui avaient l'impression qu'il pénétrait avec son regard à l'intérieur d'eux. Il créait ainsi une relation privilégiée. Cela a contribué à faire de lui un thérapeute hors du commun et le père de l'hypnose Ericksonienne. Cependant, il n'est nul besoin de devenir psychothérapeute pour savoir créer ce type de relation.

La fille d'Erickson, Carole, s'amuse à dire qu'il répétait tous les jours à ses enfants : « observez ! observez ! observez ! » et s'ils avaient observé qu'il était allé chez le coiffeur, ils avaient une pièce de monnaie.

En effet, observer attentivement est la base de toute communication. Les fondateurs de la PNL, J. Grinder et R. Bandler sont aussi allés observer Virginia Satir, pionnière des programmes d'estime de soi en Californie. Elle avait cette capacité à entrer dans une relation privilégiée avec plusieurs membres d'une même famille. Elle se synchronisait*[1] gestuellement avec le père, verbalement avec la mère et avec l'état interne du fils. Ainsi, chacun se sentait reconnu. C'est l'un des savoir-faire qui garantissait sa réussite en tant que thérapeute familiale. Grâce à cela, elle arrivait à faire communiquer des familles qui ne se parlaient plus depuis longtemps.

Or, il est clair qu'il est impossible de se synchroniser sur une personne que nous n'avons pas réellement observée !

Je suis encore étonnée quand un adolescent m'appelle pour un premier rendez-vous et qu'il me pose d'emblée la question au téléphone : « Madame est-ce que vous parlez ? » Cela signifie qu'il a déjà eu l'expérience d'un psy qui ne disait pas grand-chose et avec lequel la communication a été difficile. Les jeunes ont besoin de se sentir en confiance pour parler de leurs problèmes.

Il est fort probable que certaines approches conviennent mieux aux adolescents que d'autres. Pour ma part, j'utilise la PNL, l'hypnose ericksonienne et les thérapies brèves qui ne nécessitent pas une longue prise en charge. Parfois, avec les jeunes, quelques séances suffisent.

Toute communication passe par l'établissement d'un bon rapport, c'est-à-dire, d'une bonne relation avec l'autre. C'est un processus naturel qui se met en place très rapidement. À quelques mois, le bébé se synchronise sur sa mère en essayant de faire, comme elle, des mouvements et des sons avec sa bouche. Cela donne les « areu » qui nous émerveillent tant ! Entre la maman et le bébé, il s'établit une relation de reconnaissance mutuelle, de confiance et de sécurité.

1. Se synchroniser, c'est refléter la posture, les gestes, les mots, le ton de la voix de votre interlocuteur.

Au fur et à mesure que l'enfant grandit, il reproduit les gestes des adultes, répète les expressions, se synchronise naturellement. Les enfants ont parfois du mal à nous obéir, mais ils n'ont aucun mal à nous imiter.

Avec l'adolescent, vous vous synchroniserez volontairement « non verbalement » (sa posture ou ses gestes) et « verbalement » (ses mots) pour créer ce même climat de confiance mutuelle. Implicitement c'est lui dire « je suis là, tu es là, je te vois, je te reconnais » et cela renforcera son estime de soi.

Attention, il ne s'agit pas de le mimer, ce qui l'agacerait prodigieusement, car il aurait l'impression bizarre que vous le singez. Si votre adolescent est assis, asseyez-vous en face de lui, s'il est debout, restez debout, s'il est vautré sur le canapé, prenez une allure décontractée sans pour autant vous vautrer comme lui et regardez-le dans les yeux sans le fixer avec insistance.

Essayez de créer cette relation de reconnaissance mutuelle avec cette qualité de présence. Ce n'est pas nécessaire que ces échanges soient nombreux. Privilégiez la qualité à la quantité. Prenez le temps d'apprécier l'échange. Même si ces moments sont rares, ils restent imprimés dans ses souvenirs et contribuent à renforcer votre relation et son estime de soi.

Vous avez peut-être constaté que nous faisons cela naturellement quand nous communiquons vraiment avec une personne. La plupart du temps nous ne le remarquons pas car cela se fait inconsciemment. Si quelqu'un dans la rue s'arrête et regarde en l'air, plusieurs personnes vont s'arrêter et regarder en l'air. Quand nous marchons à côté de quelqu'un, si nous sommes en pleine conversation, nous nous adaptons automatiquement à son rythme, nous nous arrêtons quand il s'arrête, nous reprenons notre marche s'il recommence à marcher. Si nous sommes au restaurant avec un ami et que nous sommes dans une vraie relation d'échange, nous levons notre verre en même temps que lui. Si nous nous grattons le front, il risque fort de se gratter le front sans s'en apercevoir. Puisque se synchroniser est un phénomène naturel, provoquons-le pour mieux communiquer.

Si j'insiste sur cette synchronisation c'est qu'elle permet d'établir le rapport qui est le préalable à toute bonne communication. C'est la raison pour laquelle, pendant mes séances, je ne prends aucune note afin d'être entièrement libre d'établir avec la personne qui est en face de moi un vrai climat de confiance. En observant attentivement ce qu'elle me montre, je recueille des informations précieuses. Quatre-vingts pour cent de la communication est « non verbale ».

Si un ado me dit « oui, je suis d'accord avec vous » et qu'en même temps, il tourne sa tête de droite à gauche, je tiendrai compte de son désaccord « non verbal ». Une partie de lui dit « oui » et une autre partie dit « non », cela révèle peut-être un conflit interne.

Le sens de votre message est donné par la réponse qu'elle suscite chez votre interlocuteur. Ce qu'il exprime « non verbalement » vous donne des indications précieuses pour la suite de l'entretien : sa posture, sa respiration, les micromouvements du visage, les mimiques, les mouvements des yeux, la couleur de la peau, comme les plaques rouges (indicateurs de stress) qui apparaissent dans le cou de certaines personnes.

En vous synchronisant avec l'autre, vous êtes un miroir, vous lui montrez des attitudes, des postures dont il n'est pas toujours conscient. Quand cela est fait dans le respect et la bienveillance, la communication en est facilitée et votre interlocuteur prend conscience de ce qui lui permet d'évoluer ou de dépasser ses difficultés.

Quand Caroline entra pour la première fois dans mon cabinet, elle s'assit sur le bord du fauteuil, recroquevillée sur elle-même en parlant avec beaucoup d'hésitation. Je me synchronisai sur sa posture en m'asseyant également sur le bord de mon fauteuil et légèrement penchée en avant. Je m'aperçus que, dans cette posture, j'avais du mal à respirer librement et que je me fatiguais à parler. Peu à peu, je me redressai et me reculai dans mon fauteuil, ma respiration se faisant plus ample, je pouvais parler plus facilement. Spontanément, elle se synchronisa sur moi. Au bout d'un moment, elle était complètement redressée et semblait plus à l'aise pour s'exprimer. C'est la synchronisation qui m'a permis de ressentir sa difficulté à s'exprimer en étant assise de cette façon.

À chaque séance quand elle arrivait, elle recommençait à se mettre sur le bord du fauteuil, puis de plus en plus rapidement en me synchronisant sur elle, je l'amenais à se retrouver dans une posture plus confortable et détendue.

Un jour, je m'assis d'emblée au fond de mon fauteuil en me tenant droite. Elle se synchronisa sur moi, elle était détendue et le travail thérapeutique commençait à donner des résultats.

Elle m'expliqua qu'elle était amoureuse d'un garçon et qu'elle avait davantage confiance en elle. À la fin de la séance, quand elle partit, je constatai qu'en marchant elle se tenait beaucoup plus droite, j'avais l'impression qu'elle avait grandi comme si elle s'était déployée. En se tenant droite et fière d'elle, elle manifestait physiquement une bonne estime de soi. Je la félicitai et l'encourageai à continuer à avancer dans la vie avec cette attitude positive. J'ai régulièrement de ses nouvelles, elle s'affirme de mieux en mieux.

La synchronisation au niveau de l'état interne (du ressenti) est également importante pendant l'entretien. Si votre interlocuteur est triste, soyez compatissant sans rentrer vous-même dans la tristesse, s'il est en colère, sentez-vous concerné sans vous mettre en colère, s'il a peur ou honte, reflétez-lui votre compréhension, s'il est joyeux, soyez enjoué. Il s'agit **d'accompagner avec empathie** votre interlocuteur en restant à côté de lui, sans pour autant vous mettre dans le même état interne.

Quand je reçois une adolescente qui vit une peine de cœur, elle a souvent le regard triste et quelques larmes au bord des yeux. Si je lui dis sur un ton enjoué : « allez un de perdu, dix de retrouvés, tu es jeune, cela passera ! » elle ne se sentira pas comprise. Et pourtant c'est une remarque qu'elles entendent souvent de la part des adultes !

Par contre, si je me synchronise sur son état interne de tristesse, en lui manifestant de l'empathie, elle pourra aller plus loin, me parler de ce qui lui fait mal, autant que nécessaire, mais pas plus que nécessaire.

Un premier amour peut donner confiance en soi. À l'inverse un chagrin d'amour peut la faire perdre.

Exercez-vous. Peut-être qu'au début, cela ne vous semblera pas naturel car vous le ferez consciemment, en pensant aux différents éléments de la synchronisation, puis, peu à peu, cela deviendra automatique. C'est comme quand vous avez appris à conduire, au début vous étiez consciemment incompétent, vous deviez penser au rétroviseur, au levier de vitesse, au clignotant, aux pédales en même temps. Plus tard, vous êtes devenus inconsciemment compétents, vous vous êtes mis à conduire sans plus penser à tous ces paramètres. C'est devenu automatique et facile.

Une mère assistait à l'un de mes séminaires pour améliorer la communication entre parents et enfants. Elle se synchronisa avec son fils le soir même en rentrant chez elle. Son fils fut tout étonné de voir sa mère s'asseoir à côté de lui sur le canapé et prendre le temps de l'écouter attentivement. Surpris, il lui demanda : « maman qu'est-ce qu'ils t'ont donné à manger dans le séminaire ? » Elle nous le raconta le lendemain matin en arrivant, avec humour certes, mais en ayant pris conscience qu'elle n'avait jamais pris le temps de parler vraiment avec son fils.

Se synchroniser au niveau verbal et paraverbal

Une fois que la synchronisation « non verbale » sur la posture, l'attitude et l'état interne est installée, vous allez vous synchroniser au niveau « verbal et paraverbal ». Pour y parvenir, soyez attentif aux mots utilisés par votre adolescent et répondez :

- s'il est visuel ? : « Je **vois** bien ce que tu veux dire… »
- s'il est auditif ? : « **J'entends** bien ce que tu dis… »
- s'il est kinesthésique ? : « Je **ressens** bien ce que tu veux dire… »

Parlez-lui en langage visuel s'il privilégie le canal visuel, avec des mots stimulant l'auditif s'il privilégie ce canal et en termes kinesthésiques s'il y est plus sensible. Sans pour autant l'enfermer dans l'une de ces trois catégories. Ses préférences peuvent varier en fonction du contexte.

S'il vous parle d'un concert auquel il a assisté, il emploiera probablement des mots « auditifs ». N'en déduisez pas pour autant qu'il est auditif dans tous les cas.

Lorsque mon fils qui utilise plus souvent le canal kinesthésique me parlait, il faisait les cent pas devant moi. Avant de connaître la PNL, je lui disais « arrête de marcher quand tu me parles ! » il me répondait immédiatement : « si j'arrête de marcher, j'arrête de te parler ». Avec la PNL, j'ai compris qu'en marchant à côté de lui, nos conversations pourraient se poursuivre beaucoup plus facilement. C'est effectivement ce qui s'est passé.

Pour les adultes en charge d'enfants et particulièrement pour les enseignants, il est indispensable de tenir compte de ces différents types de fonctionnement.

L'école a tendance à privilégier le système visuel et auditif. Le professeur parle du cours et écrit au tableau en s'adressant ainsi aux auditifs et aux visuels uniquement. Qu'en est-il des kinesthésiques ? Ceux qui ont besoin de bouger, de mordre leur crayon ou de se balancer sur leurs chaises pour apprendre ? Ils se font apostropher ou même parfois punir, c'est une erreur pédagogique.

Un enfant kinesthésique qui bouge en classe et à qui le professeur dit : « arrête de bouger » est désorienté parce que, pour lui, l'apprentissage passe par le mouvement et le toucher. Il risque fort de décrocher du cours. On l'accusera alors d'être ailleurs. Beaucoup d'enfants intelligents et capables sont dans ce cas.

Trouver le bon moment pour l'échange

Les adolescents ont besoin qu'on les écoute, pas qu'on les surveille ni qu'on leur donne des conseils. Les contrôler en permanence détruit leur confiance en eux et par conséquent leur estime de soi.

Ils ont aussi besoin de parler. Ils apprécient de communiquer avec les adultes mais ils sont assez imprévisibles, il faut saisir le moment où ils sont prêts à dialoguer. Ils sont comme les chats qui viennent vous frôler et que vous voulez caresser, s'ils ont décidé que ce n'était pas le moment, ils vous filent entre les mains.

Parfois, vous avez l'impression que l'adolescent avec lequel vous voulez parler n'est jamais disponible. C'est quand vous ne vous y attendez pas qu'il vient vers vous. Alors quand il est disponible, profitez-en pour établir un climat de confiance grâce à une synchronisation adaptée.

Les moments de partage des sentiments et des besoins lui permettent de se sentir important et ont un impact positif sur son estime de soi.

L'écouter, c'est écouter aussi ses idées, ses silences, sa pudeur, ses émotions, ses goûts, ce qui le passionne, ce qui le fait souffrir sans lui donner immédiatement des conseils et sans le juger.

Les parents reprochent souvent à leurs adolescents de passer des heures au téléphone avec leurs amis alors qu'ils viennent juste de les quitter. Laissez-les faire en limitant les forfaits téléphoniques. Ils ont besoin de se confier à des personnes de leur âge pour parler de sujets qui ne concernent pas leurs parents comme leur vie sexuelle et amoureuse. Vous pouvez les écouter mais pas devenir leur confident intime. Vous restez leurs parents pas leurs copains et c'est ainsi que cela doit être.

Favorisez les moments d'échange, comme le moment des repas, à condition que cela ne soit pas l'occasion de régler vos comptes. Une enquête a été faite récemment démontrant que l'une des causes de la violence était l'absence de ces rencontres autour des repas de famille.

J'ai toujours privilégié ce moment du dîner où nous avions l'occasion d'échanger avec nos enfants. Pour cela nous avions supprimé la télé qui remplace trop souvent le dialogue. Ce n'est pas la quantité de temps que vous passez avec vos enfants qui compte, c'est la qualité.

Lorsque mon fils montait dans la voiture à la sortie de l'école, il me disait « maman as-tu pris ton thé ? ». Je décodais : « j'ai besoin de parler, d'être écouté ». Ensemble autour du goûter, il évoquait sa journée à l'école, certaines difficultés avec des profs ou avec des amis. Parfois il me demandait mon avis, mais la plupart du temps il avait juste besoin d'une oreille attentive. Après s'être libéré de ce qui le préoccupait, il était prêt à se mettre au travail.
Aujourd'hui, il est adulte et nous avons gardé cette bonne habitude.

Éviter les doubles messages

Bien souvent, les parents veulent l'autonomie de leurs adolescents et en même temps, ils ne la supportent pas. Quoique l'enfant fasse, ça n'ira pas.

Par exemple : « Deviens autonome, mon fils ! » est le message verbal, mais dès que l'enfant cherche à être autonome, comme partir quelques jours en vacances chez un ami, le père ou la mère manifestent un message « non verbal » d'inquiétude.

L'adolescent se sent alors coincé, incapable d'agir car il ne veut pas déplaire à ses parents.

Autre exemple de double message : « Réussis à l'école, travaille bien », est le message verbal. Dès que l'enfant réussit, a des résultats, le message contradictoire est : « tu ne fais pas aussi bien que moi à ton âge », autrement dit « non verbalement » : « tu es nul, tu ne me dépasses pas ».

Cela crée de la confusion dans leur tête et a une influence négative sur l'estime de soi.

Prenez conscience de vos messages contradictoires pour éviter que l'adolescent vous modélise et réponde lui-même par des messages contradictoires, comme par exemple : « laissez-moi vivre ma vie ! » et à 3 heures du matin, il réveille tout le monde dans la maison.

Pour éviter les doubles messages, soyez congruents. Autrement dit, faites en sorte que votre comportement reflète votre pensée.

Proscrire la reconnaissance négative

Dans certaines familles, les enfants ne voient pas leurs parents débordés par leur travail qui rentrent tard le soir. Ils sont déjà au lit ou prêts à se coucher. Vite un petit bisou avant de s'endormir et la rencontre se limite à cette rencontre furtive. Très tôt, ils évaluent la capacité d'écoute de leurs parents.

Un petit garçon de 6 ans que j'avais en thérapie m'annonça un jour avec un air réjoui : « Maman change de travail, elle pourra rentrer plus tôt, elle viendra me chercher à l'école, elle pourra jouer avec moi et m'aidera à faire mes devoirs. Ce ne sera plus Marta (la jeune fille au pair) qui me fera travailler, j'aime pas quand elle est derrière moi. Avec son doigt, elle me tape sur la tête quand je fais des fautes. »

Quelque temps plus tard, je lui demandai si c'était mieux depuis que maman avait changé de travail. Il me répondit avec un air triste : « Non, elle a bien changé de travail, mais elle ne rentre pas plus tôt, c'est toujours Marta qui me fait travailler. » Il était en CP, l'année de l'acquisition de la lecture et de l'écriture, j'ai demandé aux parents de faire le nécessaire pour que le travail à la maison se fasse dans de meilleures conditions. Je crois qu'il n'en a rien été, leur carrière était prioritaire. J'ai su par la suite que leur indisponibilité a eu des conséquences négatives sur la scolarité de l'enfant.

Les adolescents se plaignent que leurs parents ne les écoutent pas, le seul moment d'échange se fait sur le mode de reproches, à propos du livret scolaire par exemple. Inconsciemment, certains vont se mettre en difficulté pour accrocher l'attention de leurs parents.

Pour ces enfants, un commentaire négatif de la part d'un parent est mieux qu'aucune attention ; ils prennent l'habitude d'exister à travers la reconnaissance négative. L'inconvénient c'est que cela mine leur estime de soi.

Justine, 16 ans, me consulte, adressée par son médecin généraliste. Elle a fait une tentative de suicide et s'est engagée à faire une psychothérapie. Elle me dit d'emblée qu'elle ne veut pas travailler avec un psy qui « ne parle pas ». Sa tentative de suicide est un appel au secours à ses parents. Ils ont divorcé depuis plusieurs années et ils ne le lui ont jamais dit. Elle a tenté plusieurs fois de poser des questions et de se faire entendre. Ils n'ont pas écouté ses signaux d'alarme. Elle ne se sent pas importante à leurs yeux. Leur silence signifie pour elle qu'ils ne l'aiment pas.

Elle comprend mieux pourquoi elle ne se sent pas à l'aise devant un psy silencieux qui « ne parle pas ».

Elle a fini par découvrir les papiers qui prouvent que ses parents sont divorcés depuis plusieurs années. Ils prétextaient des éloignements professionnels pour vivre séparés. Elle leur en veut. Sa suspicion à propos de leur divorce s'est avérée exacte. Elle ne leur fait plus confiance et elle passe à l'acte.

Sa tentative de suicide a beaucoup inquiété ses amis, plus que ses parents pense-t-elle. Or ses parents se sont vraiment montrés affectueux et présents. Depuis cet événement, ils ont pris conscience de l'importance de parler vrai, ils ont **entendu** son message. Ils croyaient la protéger en lui cachant leur divorce. C'est le contraire qui s'est produit : elle a perdu pied. Le travail thérapeutique lui a permis de renouer le dialogue et de leur faire à nouveau confiance. Elle a ainsi restauré son estime d'elle-même.

Les enfants et les adolescents nous envoient des messages pour nous faire comprendre qu'ils ne se sentent pas écoutés.

Écoutez, parlez, partagez et échangez. Évitez les conseils et les jugements moralisateurs. Ce qui ne veut pas dire qu'il ne faut jamais leur donner des conseils, mais il ne faut le faire que quand ils sont prêts à les entendre ou quand ils les demandent eux-mêmes. Comme les chats, ce sont eux qui choisissent le moment.

Vous pouvez décider d'échanger avec votre adolescent sur des thèmes que vous aurez choisis ensemble. Par exemple, les loisirs, les films, la musique. Grâce à mon fils, j'ai appris à apprécier certaines chansons de rap qui véhiculent des messages de révolte mais aussi de paix et d'amour, ce que je ne soupçonnais pas vraiment.

L'écouter vraiment

Texte d'un auteur anonyme

« Quand je te demande de m'écouter et que tu commences à me donner des conseils, tu ne fais pas ce que je te demande.

Quand je te demande de m'écouter et que tu commences à me dire pourquoi je ne devrais pas faire cela, tu bafoues mes sentiments.

Quand je te demande de m'écouter et que tu sens que tu dois faire quelque chose pour résoudre mes problèmes, tu me fais défaut, aussi étrange que cela puisse paraître.

Écoute, tout ce que je te demande, c'est que tu m'écoutes. Pas que tu parles ni que tu fasses quelque chose. Je te demande uniquement de m'écouter.

Si je veux des conseils bon marché, pour quelques francs, j'aurai dans le même journal le courrier du cœur et l'horoscope.

Je peux agir par moi-même, je ne suis pas impotent, peut-être un peu découragé ou hésitant, mais pas incapable.

Quand tu fais quelque chose pour moi, que je peux et que j'ai besoin de faire par moi-même, tu contribues à ma peur, tu accentues mon inadéquation.

Mais quand tu acceptes comme un simple fait que je ressente ce que je ressens (peu importe si c'est rationnel ou non), je peux arrêter de te convaincre et je peux essayer de commencer à comprendre ce qu'il y a derrière mes sentiments. Lorsque c'est clair, les réponses deviennent évidentes et je n'ai pas besoin de conseils.

Les sentiments irrationnels deviennent intelligibles quand nous comprenons ce qu'il y a derrière.

Peut-être est-ce pour cela que la prière marche, parfois, pour quelques personnes car Dieu est muet. Il ne donne pas de conseils. Il n'essaye pas d'arranger les choses. Il écoute simplement et te laisse résoudre le problème par toi-même.

Alors s'il te plaît, écoute-moi et entends-moi. Et, si tu veux, attends juste un instant et je t'écouterai moi aussi. »

Apprendre à s'écouter pour pouvoir écouter l'autre

Pour écouter l'autre, il faut déjà savoir s'écouter et se rencontrer soi-même.

Vérifiez votre qualité d'écoute

Avant d'entamer un débat d'idées avec votre ado, posez-vous les questions suivantes :

1. Est-ce que j'ai peur de discuter de ce sujet parce que je ne partage pas les mêmes idées ?
2. Est-ce que je vais lui dire que je connais les choses mieux que lui et qu'il n'a rien à m'apprendre ?
3. Est-ce que je vais prendre son opinion divergente de la mienne comme un manque de respect envers qui je suis ?
4. Est-ce que je risque de m'énerver et d'interrompre le débat ?
5. Est-ce que je suis capable de reconnaître et d'accepter son point de vue ?
6. Est-ce que je suis capable de reconnaître qu'il a de bonnes idées, qu'il est intelligent et le lui dire ?
7. Est-ce que j'ai du plaisir à discuter avec lui ?

Si vous répondez « oui » aux quatre premières questions, commencez par apprendre à vous écouter avec l'exercice de relaxation qui va suivre avant d'entreprendre une discussion avec votre adolescent.

Si vous avez répondu « oui » aux trois dernières, c'est que vous avez une bonne écoute.

Si c'est mitigé, faites l'exercice de relaxation qui va suivre (à faire à deux) puis apprenez ensuite à écouter et à reformuler.

Une première personne lit le texte à l'autre en respectant les moments de pause signifiés par les... Elle dictera le texte lentement avec une voix qui invite à la détente. Les mots écrits en gras seront prononcés très délicatement. Vous pouvez ensuite inverser les rôles si votre partenaire souhaite, lui aussi, apprendre à s'écouter.

Vous pouvez aussi vous enregistrer sur une cassette et le faire seul.

Exercice pour « s'écouter soi »

Installez-vous confortablement allongé ou assis le dos bien droit appuyé sur un dossier, les jambes décroisées, les pieds à plat sur le sol et fermez les yeux...

Posez une main sur la poitrine, une sur le ventre. Cela permet de mieux sentir le passage de l'air dans votre corps...

Prenez le temps d'écouter votre respiration, d'inspirer et d'expirer en conscience...

Remerciez-vous de vous accorder ce moment de détente.

À chaque inspiration, vous sentez l'air frais passer par vos narines, gonfler votre poitrine. La main posée sur votre poitrine se soulève, puis l'air gonfle votre ventre et la main qui se trouve sur votre ventre se soulève...

À l'expiration, c'est le ventre qui se dégonfle d'abord, puis la poitrine qui se vide, qui se vide, qui se vide à fond... vous soufflez par la bouche.

Recommencez plusieurs fois consciemment de la même façon...

Maintenant comptez dans votre tête à l'inspiration, 1, 2, 3, 4, 5 par exemple.

►

Ajoutez 2 points de plus à l'expiration. Par exemple, si c'était 5 à l'inspiration, ce sera 7 pour l'expiration. L'expiration étant plus longue que l'inspiration... Faites cela plusieurs fois (10 fois environ...).

Maintenant cessez de compter dans votre tête. Reposez les mains à plat sur vos cuisses... laissez votre respiration continuer naturellement...

Vous commencez à percevoir le battement de votre cœur dans votre poitrine, ce **boum-boum... boum-boum... boum-boum...** C'est le langage universel de tous les cœurs du monde. Dans toutes les langues, ils font le même bruit...

Ressentez de la gratitude pour cette partie de vous qui bat inlassablement dans votre poitrine, cette partie de vous précieuse qui vous maintient en vie... Voilà, c'est ça... comme ça... **boum-boum..., boum-boum**...

Tout en continuant à écouter le battement de votre cœur, écoutez maintenant le **« battement dans le battement »**... écoutez... le « **battement dans le battement** »... tout doucement... voilà comme ça... comme un léger souffle ... orientez doucement, très doucement votre respiration sur ce subtil battement...

Peut-être sentez-vous comme une expansion... ou une chaleur... ou une énergie dans cet espace... **« le battement dans le battement »** appréciez cet instant de contact avec vous-même... respirez délicatement sur cet endroit à l'intérieur de vous-même... voilà... c'est çà... Prenez le temps d'apprécier « **le battement dans le battement** »... Ayez de la gratitude envers vous-même...

À chaque fois que vous aurez besoin de vous ressourcer, de vous détendre, vous pourrez refaire cet exercice qui vous permet de vous reconnecter à vous-même. Sans oublier de vous remercier de vous offrir ce moment de détente.

Faites cet exercice deux fois par jour, de préférence le matin et le soir avant de vous endormir. Les premières fois, vous ne percevrez peut-être pas le « battement dans le battement », cela viendra avec la pratique.

Si vous êtes tendu ou fatigué dans la journée, faites-le à votre bureau, chez vous, c'est aussi une excellente façon de se ressourcer. Plusieurs personnes qui ont assisté à mes séminaires m'ont confirmé qu'elles ont pris l'habitude de faire cet exercice et qu'elles le trouvent efficace pour se régénérer.

À recommander aussi en cas de maux de ventre, d'estomac ou de dos. Il permet de se détendre. Quand vous remplissez bien les poumons à l'inspiration, vous poussez le diaphragme qui masse le ventre et le détend.

Vous vous sentirez mieux physiquement et surtout vous prendrez l'habitude d'**écouter** votre vie intérieure, d'être présent à vous-même. Parallèlement, vous serez aussi plus facilement présent à l'autre.

C'est également une façon d'apprendre à vous connecter à votre sagesse intérieure. Vous vous apprécierez davantage et cela amplifiera votre amour de soi et l'amour que vous portez aux autres.

Quand vous êtes en contact avec cette partie de vous-même, vous trouvez les solutions à vos problèmes. Comme si vous demandiez à l'expert, à l'intérieur de vous, les réponses que vous avez tendance à aller chercher à l'extérieur.

Nous vivons dans une société consumériste qui nous indique ce qui est bon pour nous, les journaux, la pub. Il nous faut acheter tel shampooing ou telles céréales… Nous avons perdu l'habitude de nous demander à nous-mêmes ce qui est bon pour nous.

Quand vous serez disponible et détendu pour écouter votre adolescent, demandez-lui s'il veut bien vous parler de ce qu'il aime. Écoutez-le, sans critiquer, vous parler de :

- sa musique ou son groupe préféré,
- ses films et ses acteurs préférés,
- ses amis : ce qu'il apprécie chez l'un et chez l'autre,
- ses loisirs (lesquels en particulier),
- ses profs et ses matières préférés,
- ses vêtements préférés,
- sa nourriture préférée, est-ce que c'est la même que lorsqu'il était petit ?

L'écoute et la reformulation invitent à entendre l'autre sans le juger, sans le critiquer et en évitant de trouver des solutions à ses problèmes. C'est s'intéresser vraiment à l'autre. Essayez avec votre adolescent.

Quand vous l'écoutez, vous êtes disponible pour lui. Vous savez déjà qu'il faut éviter de lui donner des conseils et de le juger. Ne lui parlez pas non plus de vous à la première occasion.

La plupart du temps, dès que l'adolescent commence à parler de son problème, les adultes enchaînent en disant : « il m'est arrivé la même chose qu'à toi, à ton âge, j'ai… » ou : « figure-toi que ce que tu me dis me fait penser à ce qui m'est arrivé »… et parlent d'eux en évoquant leur expérience.

Vous croyez peut-être ainsi vous rapprocher de lui, mais comme nous nous l'avons déjà dit, il a besoin d'être écouté. Si vous avez besoin, vous aussi, d'être écouté, soyez clair au départ et dites : « j'ai envie de te raconter comment ça se passait pour moi quand j'avais ton âge. Est-ce que ça t'intéresse ? »

Pour vous entraîner à écouter et reformuler, choisissez des sujets simples. Par la suite vous pourrez aborder des sujets plus profonds. L'objectif c'est que l'adolescent se sente écouté et compris.

L'écoute

Installez le rapport pour créer le climat de confiance. Centrez-vous sur ce qu'il dit et écoutez-le en silence. N'intervenez que pour lui montrer que vous êtes attentif, en utilisant de temps en temps des expressions comme : « je vois… », « je comprends… », « c'est ça… », « hum… hum… », ponctués par des hochements de tête.

Si vous ne comprenez pas, intervenez pour lui dire : « quand tu dis : … , qu'est-ce que ça veut dire pour toi exactement ? ». En règle générale, quand vous ne comprenez pas, partez de ce que vous avez compris et demandez un complément d'information : « j'ai bien compris que …, c'est important pour toi, mais ce que je n'ai pas encore compris c'est… »

Savoir écouter c'est montrer clairement quand vous suivez et quand vous ne suivez pas.

Ce qui est à éviter, c'est de faire croire à votre adolescent que vous avez compris alors que ce n'est pas le cas. Il n'est pas dupe, rappelez-vous que vous communiquez au niveau non verbal également et que cela représente quatre-vingts pour cent de la communication.

La reformulation

À intervalles réguliers, reprenez en une phrase ou deux, c'est-à-dire en résumant ce que votre adolescent vient de dire, **sans commenter, sans ajouter et sans interpréter :**

- « Donc, si j'ai bien compris, ce que tu dis c'est… ».
- « Autrement dit, tu penses que … ».

Vous lui renvoyez ainsi en miroir ce qu'il vient de dire avec **ses propres mots**. Ne reprenez que ses idées principales, laissez de côté les points secondaires et les détails.

Pour relancer, vous pouvez reprendre sa dernière phrase sur un ton de questionnement pour le pousser à aller plus loin dans le dialogue, s'il vient de dire :

- « Et alors, j'étais drôlement content ! »
- « Tu étais drôlement content ? »

Reformuler c'est aussi une façon de l'amener à trouver ses propres réponses. Vos solutions ne seront pas forcément les siennes : « les conseilleurs ne sont pas les payeurs » !

Parallèlement à cet échange verbal, soyez attentif aux réactions non verbales de votre adolescent. Ses changements d'expression de visage, de posture, de respiration.

Si l'écoute est indispensable pour toute forme de rencontre, la reformulation n'est pas forcément nécessaire. Utilisez-la ponctuellement lorsque le sujet est important ou nouveau ou si votre ado a besoin de réfléchir. En reformulant vous lui en donnez le temps et l'occasion.

POINTS CLÉS

- Quatre-vingts pour cent de la communication est non verbale. Observez attentivement votre adolescent pour vous synchroniser sur sa posture et ses gestes.
- Le sens de votre message est donné par la réponse qu'elle suscite chez lui. Attention aux messages contradictoires qui amènent la confusion dans sa tête.
- On peut tout dire, tout est dans la manière de le faire. Commencez par ce qu'il fait « bien », donnez-lui une ou deux pistes d'amélioration au maximum et terminez par du positif.

CHAPITRE 6

Poser les règles et faire respecter les limites

Pour qu'il puisse trouver ses repères

Pourquoi des règles ?

Il n'y a pas si longtemps, nos parents faisaient comme leurs parents qui eux-mêmes avaient fait comme leurs parents, ils naviguaient entre le permis et l'interdit. Les enfants ne discutaient pas ; dans certaines familles, ils n'avaient même pas le droit de parler à table.

En mai 68 on a manifesté dans les rues avec le slogan « il est interdit d'interdire », on a donc laissé entendre que les limites étaient une mauvaise chose. Aujourd'hui on en paye les conséquences et on commence à reconnaître la nécessité de remettre des règles sans vraiment savoir comment s'y prendre.

Toute famille fonctionne comme une mini-société avec des règles bien établies, qui précisent les droits et les devoirs de chacun. Ces règles ne sont pas toutes conscientisées. Si elles fluctuent dans le temps (par exemple, parce qu'il est interdit d'interdire et que le parent se sent coupable de frustrer son enfant), les règles cessent d'être structurantes.

Établir des règles claires, c'est préparer l'enfant à vivre dans une société organisée avec des règles et des lois.

Les règles sont nécessaires à la construction de l'enfant qui a besoin de limites et de structures sur lesquelles s'appuyer pour développer et consolider un sentiment de sécurité. Sans ces limites, il est perdu et angoissé. En revanche, s'il y a trop de structure et de règles rigides, il se sent enfermé et étouffe. Comment trouver le juste milieu ?

Un bon moyen consiste à expliquer les règles à l'enfant avant de les appliquer. Par exemple, il doit se coucher à 21 heures car il a besoin d'un nombre d'heures de sommeil sans lesquelles il ne sera pas en forme à l'école demain. Ce n'est pas à l'enfant de décider de l'heure du coucher ni du menu, même s'il est bien naturel de tenir compte de ses goûts.

Si le parent se sent légitime quand il pose les limites, l'enfant les acceptera sans discuter. Tout est dans la manière de le dire : sur un ton affirmatif, avec respect, et sans se justifier car on est en accord avec soi-même.

Le risque aujourd'hui, avec toutes les lectures traitant de la psychologie de l'enfant, c'est que les parents « psychologisent » trop leurs discours. Il faut savoir rester sobre et ne pas envahir la tête des enfants par des discours compliqués qui les angoissent au lieu de les rassurer.

L'adolescent requestionne les règles qui n'ont pas été bien intégrées dans l'enfance ou qui deviennent obsolètes. À vous de les redéfinir en favorisant le dialogue. Apprenez à lui dire « non », en lui expliquant à quoi vous dites « oui » :

- Non, je ne suis pas d'accord pour que tu sortes en boîte à 15 ans, sans être accompagné. J'ai besoin de connaître tes amis et d'être rassuré sur eux.

- Non, je ne veux pas t'acheter un scooter, j'ai besoin d'être sûr de te faire confiance et de m'assurer de ta responsabilité.

Témoignez par l'exemple en respectant vous-même les règles que vous lui fixez (si elles peuvent aussi s'appliquer à vous). Demeurez fiable, il vous estimera.

Cela ne veut pas dire qu'il ne va pas vous tester en repoussant les limites et en essayant de les transgresser, c'est propre à l'adolescence. S'il ne trouve pas les limites dans sa famille, il risque d'aller les chercher à l'extérieur en enfreignant la loi.

S'il s'oppose, c'est pour se trouver et aussi pour se séparer, ce qui est nécessaire et sain. Cela passe par des tensions, des conflits et des sanctions. Plus les limites sont rigides, plus l'adolescent se confronte à l'incompréhension et à l'autoritarisme.

Les règles doivent exister, mais il faut faire preuve de souplesse, ce qui n'a rien à voir avec le laxisme.

Rappelez-vous le cas de Sophie qui provoque son père en fréquentant des voyous.

Faut-il sanctionner ?

La sanction doit être la conséquence d'une transgression. Avant de punir, il faut avoir interdit au préalable. Vous serez ainsi cohérent avec vos règles, donc avec vous-même et avec lui. Être puni, c'est aussi être reconnu.

L'absence de sanction amène de la culpabilité chez l'adolescent. Aussi surprenant que cela puisse paraître, la sanction apporte le soulagement. La plupart du temps, eux-mêmes pensent qu'ils auraient mérité une sanction plus sévère.

L'interdit signifie : « on s'intéresse à toi parce qu'on t'aime, on ne veut pas qu'il t'arrive du mal ».

Se montrer excessivement conciliant reviendrait à dire à l'adolescent : « fais ce que tu veux, ce n'est pas important pour moi » (donc tu n'es pas important). Il se sentirait alors abandonné. Le laxisme n'aide pas à grandir en sécurité.

Avec son autorité, le père représente la loi. Il prépare ainsi son adolescent à vivre en société. Il s'opposera aux comportements inappropriés de son adolescent tout en faisant la différence avec qui il est. Par ailleurs, chaque parent a sa personnalité, l'adolescent doit pouvoir sentir cette différence. La mère ne disqualifiera pas le père devant son adolescent, elle le soutiendra. Quand la mère critique le père en son absence, probablement en voulant être une « bonne mère », elle se trompe : en dévalorisant le père, elle fait du mal à l'adolescent et devient une « mauvaise mère ». Cela vaut bien sûr pour le père.

Dans les familles monoparentales ou quand le père est absent, la mère peut dire : « si ton père était là, il n'approuverait pas que tu sortes tous les soirs à 15 ans, il te permettrait de sortir seulement le samedi soir parce que tu ne vas pas à l'école le lendemain. Il voudrait savoir où et avec qui tu sors et te demanderait de rentrer à minuit au plus tard… ». L'adolescent essaiera de repousser les limites. Il sera même capable de manipuler ou de harceler. Il faudra s'en tenir aux limites posées et ne pas renoncer par « usure ».

Les règles de conduite doivent être des comportements concrets faciles à comprendre et à mettre en œuvre. Elles permettent de transmettre les valeurs de la famille. Elles ne doivent pas varier selon l'humeur des uns et des autres.

Exemples de règles pour votre adolescent

- Ne pas voler, ni agresser.
- Ne pas boire ou abuser d'alcools (en fonction de l'âge).
- Ne pas fumer, ne pas consommer de drogues, sous quelque forme que ce soit.
- Ne pas tricher à l'école (ou ailleurs).
- Parler avec respect aux adultes et aux jeunes.
- Respecter les horaires fixés pour les sorties.
- Dire avec qui et où il sort (lui proposer de présenter ses amis).
- Coopérer à certaines tâches domestiques (sortir les poubelles, débarrasser la table et le lave-vaisselle par exemple).
- Respecter les espaces communs dans la maison.
- Ne pas empiéter sur l'espace des autres.
- Participer aux fêtes de famille.

Cette liste n'est ni obligatoire, ni exhaustive. Elle doit être la vôtre avec vos propres règles. Si l'adolescent les transgresse, il devra en assumer les conséquences logiques. Vous en aurez clarifié les conséquences auparavant.

Par ailleurs pour tout ce qui ne concerne pas les règles, laissez-lui une marge de liberté et respectez-le, par exemple : respectez son espace à lui, sa chambre, il la décorera à son goût avec les objets qu'il aime et frappez avant d'entrer.

De cette façon, vous témoignerez par l'exemple en le respectant et en n'empiétant pas sur l'espace des autres.

Ne pas confondre autorité et autoritarisme

Si vous voulez tout contrôler, tout planifier, décider de tout, l'adolescent risque de se rebeller avec force ou alors de se suradapter et de déprimer.

En tant que parent, vous vivez peut-être sa rébellion comme une attaque personnelle, une remise en question de votre autorité. Ce n'est pas en augmentant les interdits que vous allez résoudre le problème, vous le renvoyez à sa rage et son impuissance.

La façon de vous adresser à lui, le ton de voix que vous utilisez sont aussi importants que le contenu de votre discours et ont une influence sur son estime de soi. En parlant sur un ton calme, doux et respectueux, vous instaurez un climat de tendresse qui lui donne confiance en vous et en lui.

À l'inverse, un ton dur, sévère, autoritaire suscitant de la peur ou de la rébellion l'empêchera de vous faire confiance. De plus, il risque d'intégrer ce ton de voix et d'en faire un dialogue interne critique vis-à-vis de lui-même qui ne l'aidera pas à construire une bonne estime de soi.

Pensez à lui dire : s'il te plaît, merci, excuse-moi. Pourquoi les enfants seraient-ils les seuls à devoir s'adresser respectueusement et poliment aux parents ? Si vous lui posez des limites en y mettant la forme, il se sentira, reconnu et respecté.

Si vous n'arrivez pas à changer de cap, vous pouvez demander de l'aide pour traverser cette période difficile. Le dialogue permet de résoudre bien des conflits.

Trouver une juste autorité

- Faites-le participer à l'élaboration des règles.
- Posez clairement les limites avec calme.
- Acceptez qu'il soit différent de vous.
- Acceptez qu'il exprime ses opinions.
- Encouragez sa curiosité et ses initiatives personnelles.

►

- Restez ouvert à la communication et à la négociation.
- Félicitez-le lorsqu'il montre de la détermination.
- Favorisez son autonomie et son sens des responsabilités.
- Enseignez-lui la tolérance, en témoignant par l'exemple.
- Encouragez-le à agir seul, en lui faisant confiance.
- Laissez-le s'affirmer à l'intérieur des limites.
- Intervenez fermement s'il dépasse les limites.
- Si c'est possible, laissez-lui le choix entre plusieurs possibilités.

La violence n'apprend pas les limites

Dans certains pays d'Europe, la loi interdit de frapper les enfants. Aujourd'hui en France, il y a encore beaucoup trop d'enfants maltraités. Je connais des adolescents et de jeunes adultes battus violemment et régulièrement par leurs parents.

Il faut dénoncer avec force cette violence qui est un abus de pouvoir. Les coups n'ont jamais été éducatifs, bien au contraire. Ils engendrent la terreur, la soumission et aussi la violence et l'envie de se venger. Ils abîment les enfants en profondeur dans leur corps et dans leur cœur.

La violence ne permet pas de poser les limites, elle est un aveu d'impuissance.

Quand certains adolescents décrochent à l'école, commettent des actes de délinquance, se droguent, se battent, bégayent..., on devrait d'abord se demander s'ils ne sont pas victimes de violences. Je rencontre encore trop de jeunes battus ou gravement maltraités qui n'osent pas se plaindre de peur de représailles encore plus violentes de la part de leurs tortionnaires.

Ces tortionnaires peuvent être d'autres adolescents ou des personnes extérieures à la famille, mais ils peuvent aussi être les parents ou d'autres membres de la famille.

Les parents violents enseignent la violence à leurs enfants et cela se transmet de génération en génération.

La maman de Thomas consulte parce qu'il fait pipi au lit, il est agressif à l'école. Il est en CP et ne peut pas aller dormir chez son copain parce qu'il a honte. Quand je demande à la mère de me décrire la famille, elle ne peut pas parler du père de Thomas sans que son fils ne lui donne des coups de pied et ne lui crache dessus. Elle le reprend, mais ne semble pas avoir d'autorité sur lui. J'interviens en demandant fermement à Thomas d'arrêter. La mère est soulagée et émue. Elle avoue qu'elle est battue régulièrement par son mari. Quand je recevrai le père de Thomas, il m'avouera avec émotion : « moi aussi j'ai été battu par mon père, j'ai fait pipi au lit jusqu'à 13 ans, il frappait ma mère devant moi ».

Ce jeune père n'a pas déchargé cette violence venue du passé, il la décharge aujourd'hui sur sa femme et sur son fils, au lieu d'aller la déposer en sécurité chez un psychothérapeute.

Malheureusement, dans ce cas, les parents n'étaient pas prêts à faire cette démarche, la psychothérapie de Thomas n'aura duré que quelques séances. J'ose espérer qu'ils auront au moins pris conscience de l'origine de la violence de leur fils et que le père aura cherché ailleurs un exutoire à sa violence.

Quand je parle avec un parent violent j'entends des justifications du genre : « j'en ai bien reçu des coups moi, ça ne m'a pas fait mourir » ou « il me teste pour voir où sont mes limites ». Non, les enfants ne recherchent pas les coups, mais s'ils n'ont connu que ça, ils ne savent pas comment faire pour obtenir autre chose. Ceux-là ont une très basse estime d'eux-mêmes.

Nous sommes tous responsables devant la violence. Les jeunes adolescents d'aujourd'hui sont les adultes de demain ; c'est dès maintenant qu'il faut endiguer cette violence. Travaillons en amont, restaurons l'estime de soi de nos enfants intérieurs pour développer l'estime de soi de nos enfants.

Luttons au quotidien contre la violence avec des armes non violentes : l'amour de soi, l'acceptation de soi, le respect des règles.

Faisons d'abord la paix à l'intérieur de nous-mêmes pour faire régner la paix à l'extérieur. Soyons tous des artisans de la paix. Il y a des précédents célèbres comme Gandhi ou le Dalaï Lama qui ont su lutter avec la compassion et le respect de l'autre.

POINTS CLÉS

- Plus les règles sont définies clairement et posées sans être imposées, plus l'adolescent se sent en sécurité. Le laxisme ne l'aide pas à se construire.
- Le rôle du père est essentiel à l'adolescence, même s'il n'est pas là physiquement. Il doit être soutenu par la mère.
- La violence n'apprend pas les limites et n'est pas éducative. Elle est destructrice et génératrice de violence.

PARTIE III

Lui donner confiance dans la vie d'adulte : lui faire trouver ses valeurs et l'aider à construire un projet de vie

CHAPITRE 7

Exprimer son idéal dans son projet de vie

L'aider à prendre son autonomie

Votre adolescent a besoin que vous le souteniez pour développer son affirmation personnelle. Pour devenir indépendant, il a besoin de sentir que vous lui faites confiance. Or, beaucoup de parents éprouvent certaines difficultés, même lorsqu'ils ont compris la nécessité d'une attitude de compréhension et du dialogue dans un cadre clair (les listes qui suivent ne sont pas plus exhaustives que les précédentes).

Les attitudes parentales qui favorisent l'autonomie et la confiance en soi

- Lui montrer que vous l'aimez et que vous l'appréciez.
- L'encourager et le féliciter régulièrement.
- Lui faire savoir qu'il peut compter sur vous.
- S'intéresser à sa vie et à ce qui le passionne.
- Lui faire confiance dans le choix de ses amis.
- Le laisser prendre ses responsabilités à sa manière.
- Le laisser prendre ses distances quand il en éprouve le besoin.
- Lui rappeler qu'il est capable quand il est confronté à un obstacle.
- L'encourager quand il participe aux tâches domestiques.

►
- Accepter qu'il exprime ses idées, même si elles sont différentes des vôtres.
- Avoir confiance en lui pour organiser sa vie entre l'école, sa famille et ses amis.
- Le laisser aménager sa chambre à son goût et s'habiller comme il aime.
- Lui montrer qu'il a des permissions que n'ont pas ses petits frères parce que vous lui faites confiance.
- Écouter ses expériences sans le juger ni lui faire la morale.
- Le laisser gérer son argent de poche.

Les attitudes parentales qui ne favorisent pas la confiance en soi

- Le surprotéger et s'inquiéter pour lui.
- Ne pas lui faire confiance, le trouver immature et irresponsable.
- Le dévaloriser régulièrement.
- Se moquer de ses maladresses, parfois même devant témoin.
- Imposer vos solutions en cas de désaccord.
- Contrôler régulièrement sa vie scolaire et amicale.
- S'inquiéter lorsqu'il est en retard.
- Choisir ses vêtements et sa coiffure.
- Exiger qu'il reçoive ses amis à la maison sans s'enfermer dans sa chambre.
- Insister sur ses points faibles pour qu'il s'améliore.
- Organiser sa chambre et y pénétrer sans son accord.
- Savoir comment il dépense son argent de poche.
- Lire son courrier et son journal intime.

Etc.

Si vous vous reconnaissez dans cette dernière liste, vous pouvez vous demander quels sont les comportements que vous pourriez remplacer par une attitude qui favoriserait la confiance en soi.

Les croyances limitantes qui empêchent d'avoir et de témoigner la confiance

Même si certains parents arrivent à changer leurs comportements négatifs en prenant simplement conscience de l'importance de la confiance en soi qu'ils témoignent verbalement à leurs adolescents par l'exemple, il est clair, que pour d'autres, c'est plus difficile.

Lorsqu'ils me consultent, certains me confient : « Je ne sais pas le valoriser et l'encourager parce que mes parents ne l'ont jamais fait avec moi. »

On ne peut que constater, là aussi, la force des modèles. Je leur propose de dire simplement à leur adolescent : « Je ne sais pas te valoriser et t'encourager parce que mes parents ne l'ont jamais fait avec moi. » Parfois, cela s'avère suffisant pour améliorer la relation.

D'autres parents avouent : « Je sais que je devrais me comporter autrement, mais c'est plus fort que moi, je ne peux pas m'empêcher de m'inquiéter ou de le contrôler. »

Devant ces attitudes, l'adolescent réagit par la rébellion ou la soumission, ce qui ne l'aide pas à grandir. Bien souvent, les parents qui adoptent ces comportements sont capables de comprendre qu'ils sont inappropriés, sans arriver à les changer.

Une maman me disait « je sais que je ne dois pas agir de cette façon, mais c'est plus fort que moi, je suis toujours inquiète pour ma fille. Je n'aime pas qu'elle dorme chez ses copines et même dans ma famille. » Sa fille s'en plaint et reproche à sa mère de toujours s'inquiéter pour elle, de ne pas lui laisser d'autonomie. La mère est plus détendue avec son fils. La fille a consulté un psy qui a recommandé à la mère de faire un travail sur elle. C'est la raison pour laquelle elle est venue me consulter.

En cherchant l'intention positive de son comportement contrôlant, elle trouve : « je veux protéger ma fille ». La mère a donc besoin d'être rassurée.

— La protéger de quoi ?

— D'une agression et c'est normal qu'on s'inquiète pour sa fille !

— Ça signifie quoi quand vous vous inquiétez pour votre fille ? *(Je cherche à identifier une croyance limitante).*

— Que je suis une bonne mère. Je ne suis pas comme ma propre mère qui s'en fichait de ce qui pouvait arriver à ses filles. Elle ne s'intéressait qu'à ses garçons. (sa mère avait eu 11 enfants dont 2 garçons).

— C'est une partie de vous qui a peur que votre fille soit agressée ? Quel âge peut avoir cette partie de vous ?

À ce moment, elle se souvient que, lorsqu'elle avait 8 ans et que ses parents étaient couchés, son grand frère l'obligeait à venir dans sa chambre et avait des comportements incestueux. Elle en est encore bouleversée. L'émotion qui est présente aujourd'hui montre bien l'impact de ce traumatisme. On ne peut pas tricher avec les émotions. Je la rassure en lui rappelant que son comportement actuel a une intention positive : il s'agit de protéger sa fille.

— Vous croyez que c'est relié à cette expérience avec mon frère ? Cela ne s'est pas produit souvent.

— Une seule fois suffit. C'est comme si une partie de vous n'avait pas oublié, elle n'a pas grandi, elle a encore 8 ans. Cette partie de vous qui a peur pour votre fille aujourd'hui n'est pas adulte. Quand votre fille veut aller dormir chez une copine, vous êtes rattrapée par votre passé et vous ne pouvez plus vous raisonner. Vous le dites vous-même : « c'est plus fort que moi ». L'angoisse vous envahit et vous amène à adopter des comportements exagérément protecteurs avec votre fille. Elle réagit, c'est plutôt bien. Elle veut devenir autonome et cela vous amène à regarder cette partie de vous pour la faire grandir.

Nos enfants savent bien faire cela : appuyer sur certains boutons qui nous font réagir. Prenez-le comme une opportunité pour avancer plutôt qu'un problème.

Analysons comment cette mère a installé ses deux croyances. Le processus est le même pour tout le monde, il y a :

- **l'expérience** qui est évaluée par l'enfant,
- **la conclusion** tirée de l'expérience,

- **la généralisation**, c'est la conclusion qu'on étend plus largement,
- **la croyance** qu'on valide tous les jours,
- **le comportement** qui en découle.

Dans le cas de cette mère, qui a vécu, enfant, une **expérience** traumatisante avec son frère, elle a tiré une **conclusion :** « Quand mes parents dorment, mon frère m'agresse. Ma mère ne s'inquiète même pas pour moi. »

Elle a fait de cette conclusion une **généralisation** et a ainsi installé avec sa fille deux **croyances** limitantes :

- « Si ma fille dort à l'extérieur de la maison, il va lui arriver quelque chose. »

- « Je m'inquiète pour ma fille, je suis une bonne mère. »

Les **comportements** qui en découlent sont :

- « Je refuse à ma fille d'aller dormir chez ses copines ou dans la famille (et ainsi je ne m'angoisse pas) ».

- « Je m'occupe beaucoup de ma fille parce que je veux être une bonne mère. » Ce qui correspond à une décision qu'elle a prise pour ne pas être « comme sa mère ».

En tant que parents nous avons besoin de comprendre comment nos croyances ou nos convictions s'installent. Nous tenons à nos croyances et nous les validons tous les jours pour maintenir la cohérence de notre modèle du monde.

Il y a dans cet exemple deux types de croyances construites selon le schéma :

X → Y ce qu'on appelle une cause effet : X entraîne Y

X : ma fille dort à l'extérieur de la maison. X entraîne Y : elle va être agressée.

et :

X = Y ce qu'on appelle une équivalence, X égal Y

X : je m'occupe de ma fille = Y : je suis une bonne mère.

Bien souvent les personnes n'expriment que la moitié de la croyance soit le X, soit le Y. Il faudra donc questionner pour avoir toute la croyance.

Par exemple, si la mère dit : « je refuse que ma fille aille dormir à l'extérieur ».

Supposons que ce soit le X, cherchez le Y en demandant : « qu'est-ce qu'elle risque si elle va dormir à l'extérieur ? » ou « qu'est-ce qui se passerait si elle dormait à l'extérieur ? »

Elle va vous donner le Y : « elle risque d'être agressée ».

Si vous cherchez le X = Y. La mère peut exprimer la moitié de la croyance :

- soit une moitié : je m'inquiète pour ma fille,
- soit l'autre moitié : je veux être une bonne mère.

Sa croyance est : « Quand on s'inquiète pour sa fille, c'est qu'on est une bonne mère. »

Demandez-lui : « quand vous vous inquiétez pour votre fille ça prouve quoi ? »

Elle vous répondra : « que je suis une bonne mère. »

On peut alors tenter de déstabiliser la croyance :

« Pour être une bonne mère, il faut toujours s'inquiéter pour sa fille ? »

Rien qu'avec ce questionnement, la personne pourra douter de sa croyance. En effet, elle sait déjà que sa croyance la limite et entraîne des difficultés avec sa fille. Elle souhaite donc la changer.

Vous pouvez aussi chercher des « contre-exemples » ou des exceptions :

« Est-ce qu'il y a une fois où votre fille est allée dormir à l'extérieur de la maison et où ça s'est bien passé ? » Si la mère répond oui. Demandez-lui comment elle a fait. Qu'est-ce qui s'est passé ? pour elle, pour sa fille ? Afin qu'elle réalise que la généralisation n'est pas nécessaire et qu'elle sait faire autrement. Ou « Cela vous arrive-t-il de penser que vous êtes une bonne mère quand vous n'êtes pas avec votre fille ? »

Si malgré ces interventions simples la croyance persiste, il faut s'adresser à un professionnel qui aura d'autres moyens et qui traitera les traumatismes de la mère.

Heureusement toutes les expériences traumatisantes de l'enfance ne sont pas aussi graves que celle-ci, même si les cas d'inceste, d'abus sexuels et d'attouchements, représentent un pourcentage relativement important des personnes qui consultent.

Ce qui nous intéresse, c'est la conclusion qu'en a tirée l'enfant, devenu adulte et parent aujourd'hui. Nous voulons savoir comment cette expérience du passé agit inconsciemment et perturbe le fonctionnement de la personne adulte.

Bien souvent, il s'agit d'une expérience « banale » aux yeux d'un adulte. Seulement l'enfant l'a vécue comme une expérience douloureuse et il a installé une croyance qui le limite dans sa vie aujourd'hui.

Une femme n'a pas confiance en elle et croit que les autres sont « mieux qu'elle ». D'où vient cette croyance ? Aujourd'hui, on lui propose une promotion dans son entreprise. Elle doute d'elle et se dit : « Pourquoi moi ? Il y a des personnes beaucoup mieux que moi pour ce job. »

En se réassociant à son état interne de « doute », elle retrouve une expérience qu'elle avait oubliée.

Elle a 4 ans, elle est assise à table avec ses parents et sa petite sœur qui a 1 an. Les parents sont en admiration devant cette petite sœur et ignorent la plus grande qui a la tête entre ses deux mains et qui leur dit : « on ne s'occupe plus de moi ». Les parents trouvent ça drôle et se mettent à rire. C'est une scène « banale » qui s'est produite sans doute dans beaucoup de familles. Pourtant, elle ne paraît pas si « banale » que cela à la petite fille de 4 ans qui en tire la conclusion suivante : « mes parents préfèrent ma sœur, je ne suis pas aussi bien qu'elle ». Elle élargira cette conclusion pour en faire une généralisation : « les autres sont mieux que moi ». Voilà la croyance installée !

Elle cherchera à la valider toute sa vie jusqu'au jour où, confrontée à cette promotion qui l'intéresse, elle fait appel à une spécialiste en PNL. Elle changera sa croyance limitante en croyance positive : « Je suis unique et aussi bien que les autres. » Elle acceptera sa promotion. Aujourd'hui, elle a gagné en confiance en soi et estime de soi et elle réussit très bien dans son domaine.

C'est le même processus pour les croyances positives. Elles se mettent en place de la même façon. Soit à la suite d'une expérience ou de plusieurs expériences répétitives. Soit à force de s'entendre dire des phrases encourageantes.

Par exemple, l'enfant a eu une expérience positive à l'école : il a eu une bonne note. La maîtresse le félicite devant toute la classe, il est fier de lui et l'impact affectif est positif. Il en conclut qu'il est un bon élève et qu'il est capable de réussir. Il généralise : « je suis capable, je réussis ce que je fais » qui devient une croyance positive pour avancer dans la vie et adopter des comportements efficaces en ayant confiance en lui.

Plus l'expérience est chargée d'affect, plus l'impact sera fort. Si c'est un affect positif cela entraînera une conclusion positive, si l'affect est négatif cela aura des conséquences négatives. Ce qui nous intéresse, c'est de retrouver l'empreinte d'origine pour transformer ces croyances qui nous limitent afin d'aider notre adolescent à avancer vers le succès.

Oubliez l'idée d'être des parents parfaits, vous faites de votre mieux. Le rôle de parent est difficile et même parfois ingrat.

Dites-vous que vous vous êtes construits, à la fois avec ce que vos propres parents vous ont donné et aussi avec leurs manques. Vous avez construit une famille, une vie professionnelle, une vie amicale… Vous êtes en train de lire ce livre destiné aux parents pour développer l'estime de soi de leurs adolescents. N'est-ce pas la preuve de votre capacité à vous remettre en question ?

Je suis toujours touchée par le souci de bien faire qu'expriment les parents des adolescents que j'accompagne, leurs interrogations, leurs demandes de conseil ; c'est l'amour pour leurs enfants qui les guident.

Faites ce petit exercice pour vous, il consiste à vous demander : « Qu'est-ce que je voudrais que mon fils ou ma fille retienne de notre relation quand il aura mon âge ? » (l'âge que vous avez aujourd'hui).

Une maman écrivait :

Quand il aura 45 ans, je voudrais qu'il se rappelle de nos petits échanges complices : clins d'œil, sourires, petits mots tendres.

Des cadeaux symboliques, comme son premier stage de planche à voile qui est devenu sa passion.

Cet attachement à la nature, le plaisir de vivre à la campagne qui vient de ma famille.

Quand on se comprend juste par un regard. Il sait que je l'aime et qu'il a toujours pu compter sur moi.

Les fêtes de Noël, autour du sapin en Normandie, les fêtes de famille, les anniversaires surprises.

Les vacances et les sorties avec ses copains. Les invitations improvisées quand il était à l'école primaire.

Croire en lui

Le sentiment de confiance en soi est contagieux. Plus vous aurez confiance en vous, plus il vous sera facile de le lui transmettre. Quoi qu'il en soit, si vous avez confiance en lui et que vous lui manifestez, il aura confiance en lui.

Le sentiment de confiance en soi est, en partie, le résultat d'une bonne estime de soi. Lorsque nous sommes conscients de notre valeur personnelle, de nos qualités et de nos vulnérabilités, nous sommes « armés » pour avoir confiance en nous. Cependant la confiance en soi est d'une autre nature que l'estime de soi. Elle résulte d'une quasi-certitude que nous saurons faire face et que nous pouvons compter sur nous-mêmes dans les différentes circonstances de la vie.

L'aider à vivre le sentiment de confiance en soi est essentiel. Apprenez-lui à se débrouiller dans la vie et à ressentir ce sentiment de fierté et de sécurité intérieure quand il réussit par exemple dans ses activités scolaires, sportives, ses loisirs, sa vie amoureuse et amicale.

Certaines de vos expériences avec lui se sont avérées heureuses et constructives, d'autres ont été plus difficiles. « Tu devrais avoir honte de toi ! » ne l'aide pas à avoir confiance en lui. Lui faire honte le blesse et l'humilie inutilement. Donnez-lui le droit à l'erreur en lui rappelant que c'est pour lui l'occasion d'apprendre. Il ne veut pas échouer, il veut progresser. Si vous croyez en lui, il croira en lui. Cela peut produire des « miracles » comme le démontre l'effet Pygmalion.

On a fait passer des tests de QI aux enfants d'une classe. Ensuite on a annoncé à leur instituteur que quelques-uns de ceux qui avaient les résultats les plus médiocres étaient en fait des « surdoués ». À la fin de l'année, on a fait repasser les tests. Que croyez-vous qu'il arriva ?
Les enfants, prétendument « surdoués », le sont presque devenus. C'est-à-dire qu'ils ont progressé de façon spectaculaire. Tandis que ceux qui avaient des résultats médiocres et qui n'avaient pas été signalés à l'enseignant comme des « surdoués » n'avaient pas bénéficié de ces changements. Cette expérience faite pour la première fois en Angleterre a été réitérée, avec les mêmes résultats, plusieurs fois.
Les attentes et l'attitude de l'enseignant ont permis à certains enfants de progresser de façon spectaculaire et… inattendue !

Recherchez ses qualités plutôt que de ses défauts. Si vous lui dites sincèrement ce que vous appréciez chez lui, en lui rappelant ses réussites, ses dons, ses facilités, à partir d'exemples concrets, il saura qu'il a les moyens de se débrouiller. Il prendra conscience qu'il est l'acteur de son succès, qu'il possède toutes les ressources pour faire face aux défis de la vie. Il se sentira devenir quelqu'un d'important et d'unique.

Certains ont une réserve de confiance en soi, d'autres ont des manques. La confiance en soi n'est jamais installée définitivement, nous avons tous nos périodes de doute. Confronté à de nouvelles expériences, l'adolescent passe par une phase de vulnérabilité. Il est normal qu'il soit déstabilisé pendant cette période de mutation vers un nouveau « moi ».

Le sentiment de confiance en soi d'un adolescent se construit jour après jour. Il naît de la fiabilité des parents à son égard ou de l'exemple que vous lui donnez.

Quelques comportements qui donnent confiance

- Parlez avec respect et bienveillance.
- Affirmez-vous sans crier.
- Intéressez-vous sincèrement à ce qui l'intéresse.
- Reconnaissez et respectez ses besoins.
- Faites-lui confiance pour le choix de ses amis, de ses vêtements, etc.
- Laissez-le gérer son argent de poche.
- Encouragez-le, valorisez-le.
- Tenez les promesses que vous lui faites.
- Vivez vous-même les valeurs que vous lui transmettez.
- Arrivez à l'heure à vos rendez-vous.
- Terminez ce que vous avez commencé.
- Respectez vos délais et vos plannings.

Ces comportements concrets servent des valeurs qui sont les vôtres et que vous voulez transmettre à votre adolescent. Si vous êtes fiable, il les adoptera, il aura confiance en vous et en lui-même.

Lui montrer ses qualités

Avoir une bonne confiance en soi, c'est être conscient de ses qualités et de ses vulnérabilités. Votre adolescent, pour se construire, doit faire face aux défis de la vie en manifestant ses ressources. Demandez-lui de vous faire une liste de ses qualités, pas de ses défauts. Exemples de qualités : intelligent, beau, volontaire, autonome, habile, gentil, courageux, ambitieux, fort, généreux, sensible, à l'écoute, créatif, persévérant, honnête, etc.

Vous pouvez aussi faire parallèlement la liste des qualités que vous lui reconnaissez. Comparez les deux listes. Y a-t-il des qualités qu'il avait « oubliées » ? les reconnaît-il ou non ? Et vous, en avez-vous oublié ?

Demandez-vous ensuite quelles sont les qualités que vous vous reconnaissez dans la liste des qualités de votre adolescent et évoquez avec lui les qualités que vous avez en commun.

Vous pouvez être un modèle pour votre adolescent, mais lorsque vos comportements ne sont pas en accord avec les valeurs que vous lui transmettez, il ira choisir un autre modèle ailleurs que dans sa famille. Il s'identifiera à des personnes qui possèdent les qualités qu'il recherche et qu'il ne reconnaît pas chez ses parents. Il peut modéliser un oncle, une tante, un ami, un professeur, ou même un personnage public, un sportif, un chanteur, un acteur…

Certains parents qui manquent d'estime de soi trouvent difficile de ne pas être la référence de leur enfant et se mettent en compétition avec le modèle choisi. Ils ont besoin d'apprendre à lâcher prise, à renoncer à être le modèle parfait et idéalisé. Ils doivent aussi se souvenir que l'adolescent à besoin de critiquer ses parents pour construire son identité. C'est peut-être un peu difficile, mais c'est ainsi.

Rares sont les parents qui désirent que leur enfant soit un « clone » d'eux-mêmes.

Ainsi il serait bon que vous reconnaissiez vos vulnérabilités et que vous lui disiez comment vous faites quand vous vous trompez, pour relever vos défis et pour vous améliorer. Si vous le faites, il intégrera que l'erreur n'est pas une question d'intelligence, mais de stratégie et il appréciera votre sincérité.

Rappelez-lui aussi qu'il a les ressources pour dépasser ses obstacles. Ne faites pas les choses à sa place, ne le privez pas des leçons qu'il a à apprendre. S'il réussit par lui-même, cela lui donnera de l'espoir pour la suite et il saura vaincre ses obstacles, ce qui lui donnera confiance en lui.

La plupart des adolescents sont très touchés lorsque vous évoquez avec eux, les premières qualités que vous avez aimées quand ils étaient petits.

Une maman a écrit à son fils :

« Déjà tout petit, je t'ai trouvé beau, tu étais potelé, ta peau était dorée et tes yeux bleus comme le ciel, tu avais un sourire espiègle, tu étais dynamique, décidé, présent physiquement, bien planté sur tes jambes, tu t'imposais déjà de par ta personnalité.

J'en ai pris conscience la première fois où tu t'es tenu debout tout seul.

Tu m'étonnais par ta façon de t'accrocher, tu étais volontaire, fonceur et créatif. J'étais fière et je me disais : « celui-là il y arrivera dans la vie, il sait ce qu'il veut, il se sortira de toutes les situations ».

Je me sentais attendrie parce que tu étais encore si petit et plein de promesses. Tu aimais déjà la vie. Je suis toujours fière d'avoir un fils comme toi. »

Choisir les valeurs qui motivent

Si vous demandez à un adolescent de débarrasser le lave-vaisselle, vous constatez que ça l'ennuie vraiment. Il le fait en traînant les pieds avec nonchalance ou en ronchonnant que ce n'est pas son tour aujourd'hui. Si, pendant qu'il débarrasse, son portable sonne parce que le copain l'attend devant chez lui, comme par miracle il est pris d'une énergie débordante et le lave-vaisselle est débarrassé en un tour de main. Que s'est-il passé ? Tout simplement il est motivé. Il veut retrouver son copain pour passer un bon moment entre amis. Les valeurs « amitié » et « partage » sont fondamentales à l'adolescence.

Les amis aident l'adolescent à prendre de la distance avec ses parents et reçoivent ses confidences.

Cette petite vignette de la vie de tous les jours démontre qu'il n'y a pas d'enfants paresseux. Ils peuvent être, en revanche, démotivés, ou même carrément démobilisés. Il est tout à fait inutile de leur dire : « il faut te motiver ». Voyons plutôt **comment** les aider à se motiver.

À la fin d'un stage, une adolescente m'écrivait : « J'ai découvert que mon moteur, c'étaient mes valeurs . »

En effet nos valeurs agissent comme des filtres pour guider nos choix, parfois de façon consciente, mais, le plus souvent, inconsciente. Lorsque nous agissons ou que nous projetons d'agir en accord avec elles, elles déclenchent une énergie interne qui nous propulse dans l'action.

Voici une liste de valeurs : liberté, égalité, fraternité, (ça vous rappelle quelque chose ?), amour, amitié, honnêteté, respect, paix, beauté, indépendance, joie, etc.

Rappelez-vous que vous êtes un modèle. Il est donc essentiel que vous viviez en accord avec les valeurs que vous voulez transmettre à votre adolescent. S'il perçoit un décalage entre ce que vous dites et

ce que vous faites, il sera perdu. Déçu, il ira chercher un autre modèle à l'extérieur de sa famille.

Si vous voulez qu'il intègre la valeur « honnêteté » et que vous lui dites qu'il ne faut pas tricher, soyez vigilants lorsque vous faites votre déclaration d'impôts. Si vous vous vantez d'avoir « grugé » le fisc, il risque de ne plus savoir quoi penser ! C'est ce que me rapportait un ado qui n'avait plus confiance en son père.

Si vous choisissez de lui transmettre la valeur « sécurité », vous lui demandez d'être prudent en scooter. S'il en est ainsi, ne piquez pas des « petites pointes » en ne respectant pas la limite de vitesse avec votre dernière cylindrée. Soit vous n'êtes plus crédible, soit il vous modélisera.

Si vous prônez le « respect » et que vous lui parlez calmement et correctement, même si vous êtes en colère, en évitant de l'insulter, vous témoignerez par l'exemple et il intégrera cette valeur.

Si vous voulez qu'il respecte ses engagements et que vous-même ne respectez pas les vôtres envers lui, il aura bien du mal à intégrer le « respect des engagements ».

Lorsque vous manifestez par des comportements toutes ces valeurs qui sont les vôtres, vous lui donnez des bases solides pour son éducation.

Elles renforceront l'estime et la confiance qu'il aura en vous et également envers lui-même.

Les valeurs qui vous motivent mettent à votre disposition l'énergie interne qui vous met en action et vous rend fier de vous. Si vous ne vivez pas en accord avec vos valeurs vous souffrez, vous êtes démotivé et vous perdez la face envers vous-même, ce qui est encore pire que de la perdre en face des autres.

Comment l'aider à se motiver ?

- Ayez des attentes réalistes à son égard. Évitez de projeter sur lui les rêves que vous n'avez pas pu réaliser et que vous avez enfoui quelque part.
- Aidez-le à identifier les valeurs qui sont les siennes et qui lui ont été transmises par son entourage, sa culture, sa religion.
- Faites-le rêver à son « monde idéal », il révélera ses valeurs.
- Aidez-le à imaginer quel rôle il pourrait jouer dans ce monde idéal pour y être heureux et avoir une influence positive pour créer un monde meilleur. C'est qu'on appelle le « projet de vie ».
- Amenez-le à trouver les grands buts de sa vie, ce qu'il veut obtenir dans des domaines différents comme les études, la vie personnelle, amicale, sportive, associative…
- Aidez-le à se fixer des objectifs concrets à court terme pour réaliser ses buts et son projet de vie qui tendent vers son monde idéal.

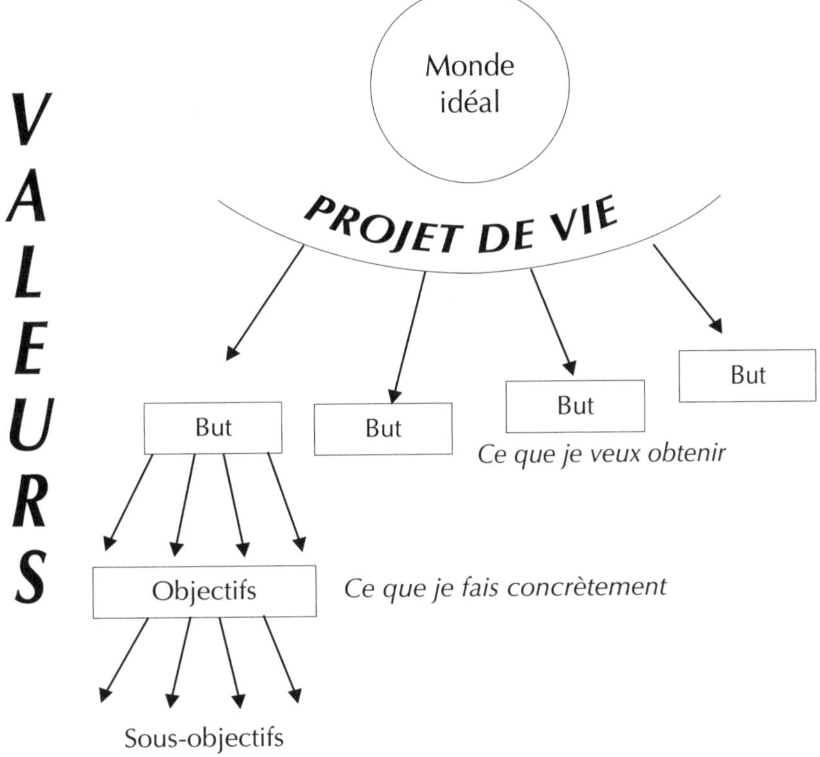

Figure 4 – Se fixer des objectifs pour tendre vers le monde idéal

Nous partons de quelque chose de très large pour terminer sur des objectifs concrets et précis dont la réalisation permettra à l'adolescent de vivre en accord avec ses valeurs. Tout cela lui permet également de renforcer l'estime de soi en se réalisant et en vibrant pour quelque chose qui le motive. À ce moment-là ses études prendront un autre intérêt, il choisira une direction qui aura du sens pour lui.

Rêver au monde idéal

Très jeune, l'enfant commence à rêver à un monde idéal, c'est-à-dire un monde « parfait » qui bien entendu n'existe pas, mais vers lequel il tendra toute sa vie. C'est comme une étoile dans le ciel qui le guide, il ne l'atteindra jamais, mais elle éclaire son chemin de vie, sa « légende personnelle ».

Dans cette vision du monde idéal, il y a déjà les valeurs de l'enfant transmises par sa famille, ses proches, sa culture, sa religion, etc.

Je vous suggère de lire le texte du rêve éveillé avant de le proposer à l'adolescent. Vérifiez qu'il est d'accord pour le faire avec vous en vous rappelant que vous n'êtes pas son psy. Vous êtes son père, sa mère, son professeur ou un autre adulte qui est là pour l'accompagner, pas pour le psychanalyser. Si, après, il a envie de partager avec vous son rêve éveillé, écoutez-le sans chercher à l'interpréter. C'est un rêve éveillé prévu pour stimuler son imaginaire. Alors ne le jugez pas, ne le commentez pas non plus, il perdrait sa part de rêve. Acceptez et soutenez son imagination pour qu'il en soit fier. Cela ne l'empêchera pas de rester les pieds sur terre. Rappelez-lui que de nombreux personnages célèbres comme Walt Disney, Léonard de Vinci, Einstein ont réalisé de grandes œuvres grâce au contact qu'ils avaient avec leur part de rêve. D'ailleurs, Einstein disait : « toute réalisation a d'abord été un rêve dans la tête de quelqu'un ».

Rêve éveillé dirigé pour un monde idéal

Prenez soin de ne pas être dérangés, prévoyez un endroit tranquille et confortable, parlez lentement avec une voix basse en faisant des pauses.

Installe-toi confortablement, décroise les jambes et les bras, relâche tes épaules, ferme les yeux et centre-toi sur ta respiration... À chaque fois que tu expires, tu te détends... Tout en intégrant les bruits extérieurs, essaye peu à peu de te centrer sur toi-même. Peut-être peux-tu percevoir le battement de ton cœur...

Continue à te détendre en relâchant les muscles de ton visage, en laissant passer les pensées qui traversent ton esprit comme des nuages qui passent dans le ciel, ils peuvent être blancs, gris ou noirs, ils passent... Derrière, le ciel est toujours bleu... Laisse ta respiration se faire naturellement... Libère le rêveur qui est en toi...

Si tu avais une baguette magique, quel serait ton rêve pour la planète ? Inutile de te demander si c'est réaliste, laisse-toi simplement rêver...

Comment communiqueraient les habitants de la Terre ?... .

Qu'en serait-il de la guerre ?... de la faim dans le monde ?...

Y aurait-il encore des écoles ?... des entreprises ?... des administrations ?...des bureaux ?... des hôpitaux ?...

Comment seraient traités les animaux, la végétation, les forêts, les océans et les rivières ?...

À quoi ressembleraient les habitations ?...

Quel genre de musique écouterait-on ?...

Et continue à rêver...

Ne laisse pas tes connaissances actuelles te limiter, laisse ton imagination transformer le monde... Ressens le plaisir, l'excitation et l'espoir de rendre ce monde meilleur..., plus conforme à ce que tu souhaites pour y vivre heureux...

►

►

Maintenant, autorise-toi à quitter le futur pour retourner vers ton passé. Revois ta vie et trouve une époque où l'un de tes rêves très chers s'est réalisé...

Souviens-toi de quelque chose qui, à un moment donné, n'était qu'un rêve, puis tu as découvert plus tard qu'il s'était réalisé...

Tu vas en trouver un, puis tu vas te rendre compte qu'il y en a un autre... puis un autre...

Peut-être même y a-t-il des rêves qui se sont réalisés et dont tu as oublié qu'à un moment donné, ils n'étaient que des rêves et qu'aujourd'hui ils sont ta réalité ordinaire...

En regardant le monde qui t'entoure aujourd'hui, remarque à quel point un certain nombre de choses sont en fait des rêves qui se sont réalisés... Comme : marcher sur la Lune ... greffer des cœurs et d'autres organes...

Toutes ces choses qui n'étaient à l'époque qu'un rêve dans la tête de quelqu'un et qui sont aujourd'hui la réalité...

Puis, doucement, à ton rythme, reprends contact avec ce lieu, commence par bouger les mains et les pieds, respire profondément, ouvre les yeux et étire-toi. Tu es de retour.

Écris ce qui s'est passé dans le rêve éveillé, sans te censurer.

Exemple de monde idéal d'un adulte avec les valeurs qu'il contient

Un monde en **paix** où les gens vivent **heureux** et **libres**. Ils s'**aiment** et **communiquent** facilement. La nature est **belle** et luxuriante, les animaux sont **respectés** dans leur environnement. Les enfants s'amusent et **rient** avec les adultes.

Les valeurs qui apparaissent dans cet exemple de monde idéal sont : paix, bonheur (heureux), liberté, amour, communication, beauté, respect, joie (rires).

Un autre exemple de monde idéal d'un adolescent avec ses valeurs

Un monde en **paix,** les personnes sourient et sont **heureuses**, elles passent leurs vacances en **famille**. Les pays et les **cultures** sont mélangés avec une langue commune, tout le monde **communique** et est en paix intérieurement. Les personnes sont d'horizons différents et **partagent** une culture commune en s'apportant mutuellement. Il y a des pays inconnus à découvrir et de la **réussite** pour tous.

Pour celui-ci les valeurs sont : paix, bonheur (heureuse), famille, culture, communication, partage, réussite.

Construire un projet de vie

Passons maintenant au projet de vie qui découle naturellement de ce monde idéal qui, lui, est utopique (il n'existera pas). Le projet de vie, lui, est réalisable, même s'il est général, il est motivant et contient les valeurs de la personne.

Le projet de vie, c'est ce qui donne un sens à la vie. Les personnes qui ont trouvé leur projet de vie peuvent rencontrer des difficultés, des obstacles dans leur vie, elles savent qu'elles ont les ressources pour les dépasser, elles ne se démobilisent pas. Elles gardent l'espoir, quand elles sont en contact avec lui, elles conservent un enthousiasme.

Là aussi nous allons faire un rêve éveillé dirigé pour associer le cerveau gauche et le cerveau droit, à la conscientisation du projet de vie et à la réalisation des grands buts qui en découlent.

De la même manière que pour le rêve éveillé dirigé sur le monde idéal, prévoyez de vous installer dans un endroit calme et confortable où vous ne serez pas dérangés. Parlez lentement sur un ton bas en prenant soin de faire des pauses à chaque…

Rêve éveillé dirigé pour un projet de vie

Installe-toi confortablement, décroise les bras et les pieds, ferme les yeux et centre-toi sur ta respiration... Relâche les tensions dans tes épaules et tes mâchoires, laisse passer les pensées dans ta tête comme les nuages dans le ciel...

Rentre en contact avec ta vie intérieure de plus en plus profondément grâce à ta respiration... à chaque fois que tu expires, tu te détends davantage... Voilà... comme ça...

Peut-être perçois-tu le battement de ton cœur... Écoute ce battement et remercie-toi de te permettre ce contact avec toi-même...

►

►

En même temps que tu te détends de plus en plus profondément, tu peux laisser le rêveur à l'intérieur de toi imaginer quelle sera ta contribution unique pour tendre vers ce monde dont tu as rêvé et auquel tu as envie d'appartenir...

Que vas-tu faire qui est vraiment important pour toi et qui va remplir ta vie de satisfaction et améliorer le monde ?...

Comment vas-tu faire concrètement pour choisir une vie qui te convienne vraiment et rendre ce monde meilleur ?...

Projette-toi dans le futur, imagine-toi dans quelques années, tu as réussi ce que tu voulais réussir, comment vis-tu ? As-tu une famille, des enfants ?...

Comment sont tes relations amicales...... Que fais-tu avec tes amis ?...

Quel métier pratiques-tu ? Où et comment ? ...

Quelles sont tes aspirations profondes ?...

Quels changements apportes-tu au monde et qui correspondent à qui tu es avec tes valeurs ?...

Es-tu engagé socialement ?... politiquement ?... au niveau spirituel ?...

Regarde-toi agir concrètement dans les différents domaines de ta vie en te sentant utile et épanoui... dans ta vie personnelle... sociale... politique... associative, ... sportive... culturelle... spirituelle peut-être...

Maintenant fais un petit retour en arrière, observe comment tu as fait pour réaliser le rêve qui donne du sens à ta vie ?...

Par quelles étapes es-tu passé ?... Qu'est-ce qui t'a aidé à franchir les obstacles qui se présentaient sur ton chemin ?...

Quelles ressources as-tu mises en œuvre pour atteindre tes objectifs ?...

Tout doucement, à ton rythme, je te propose de revenir ici, et maintenant de respirer profondément, d'ouvrir les yeux, de t'étirer et peut-être de bâiller...

Prends un papier et un crayon et écris ce que tu as vu et ressenti dans ton rêve éveillé.

Exemple de projet de vie d'un adolescent

Je vis en créant un grand espace, entourée de ceux que j'aime, afin d'être **heureuse** et de le **partager** avec mes proches. Je travaille pour aider les autres à se sentir mieux ce qui me motive. Je **réussis** ce que j'entreprends pour profiter du **bonheur**. J'apprécie ma **réussite** et je découvre le monde et je m'enrichis de **cultures** différentes. Je prends soin de ma **santé** pour avoir une vie saine et **équilibrée.**

Les valeurs qui apparaissent dans ce projet de vie sont : bonheur, partage, réussite, culture, santé et équilibre.

Exemple d'un projet de vie d'un adulte

Je contribue à la **paix** dans le monde en facilitant la **communication** entre les cultures. J'apprends, je m'enrichis pour l'**ouverture** de ma conscience et de celle des personnes que j'accompagne. Je **respecte** mon environnement et je **l'embellis**. Je participe ainsi à l'équilibre de la planète. Je **partage** mes **réussites** avec les personnes que j'aime. J'**apprécie** la vie et **qui je suis** pour diffuser de l'**amour** et de la **joie** autour de moi. Je prends soin de moi et de ma **santé** pour permettre à l'humanité de vivre plus **sereinement** et **librement.**

Les valeurs de ce projet de vie sont : paix, communication, ouverture, respect, beauté (embellir), partage, réussite, amour, joie, sérénité, liberté et estime de soi (j'apprécie qui je suis).

Rédiger un projet de vie

Le projet de vie se décline à la première personne, il est affirmatif. Même s'il est rédigé en termes généraux, il y a une action pour un résultat, il ne changera pas au cours de la vie. Ce qui figure dans le projet de vie peut se décliner dans les grands domaines de la vie, ce qu'on appelle aussi les grands buts. Il ne faut pas confondre le *projet de vie* qui reste stable et les *buts* qui eux changeront.

Si une mère de famille écrit : « j'élève mes enfants pour qu'ils deviennent des adultes autonomes et responsables », elle n'aura plus de projet de vie lorsque ses enfants seront devenus des adultes. Elle risque de se sentir déprimée car elle ne se sentira plus utile. Il serait préférable qu'elle reste plus générale, elle pourrait par exemple dire : « j'accompagne les personnes que j'aime vers l'autonomie et la réalisation d'eux-mêmes ». Elle pourra toujours le faire avec d'autres personnes que ses enfants lorsqu'ils voleront de leurs propres ailes.

C'est la même chose pour un homme qui s'identifie à son entreprise, si son projet de vie est : « je dirige mon entreprise en étant à l'écoute de chacun », une fois qu'il aura quitté son entreprise, il n'aura plus de projet de vie. Il en est ainsi, pour certaines personnes qui ont occupé des fonctions importantes et se retrouvent à la retraite, sans but et sans projet.

Inutile de s'étonner si leur corps s'insurge et crie « au secours ». Certains se retrouvent « coincés », « bloqués », d'autres développent même des maladies graves. Il est donc très important de faire la différence entre le projet de vie qui doit être rédigé de telle façon qu'il reste valable toute la vie et les buts qui, eux, peuvent changer au fur et à mesure que le temps passe.

Il est également important de définir ses buts. Ils représentent ce qu'on veut obtenir dans les différents domaines de notre vie.

Exemples de buts pour un adolescent

- Réussir mes études.
- M'épanouir dans ma vie personnelle.
- Réussir ma vie affective.
- Avoir de bonnes relations avec mes amis.
- Trouver ma voie, les études qui me conviennent...

Déterminer un objectif concret

Maintenant que vous avez rédigé le monde idéal et le projet de vie et défini quelques grands buts qui changeront régulièrement, clarifiez avec votre adolescent un ou deux objectifs concrets à court terme pour qu'il apprenne à se les fixer.

Posez-lui les questions suivantes pour déterminer un objectif clair et précis, ce qu'il va faire concrètement. En effet « il n'y a de bon vent que pour celui qui sait où il va » (Sénèque).

Que veux-tu ? S'il vous répond : « je ne sais pas », posez-lui la question : « Et si tu savais, ce serait quoi ? » Parfois, ils savent ce dont ils ne veulent plus mais ne savent pas ce qu'ils veulent, alors demandez-lui, « que veux-tu à la place de… » ou « que veux-tu changer ou améliorer ? ».

Est-ce que ça ne dépend que de toi ? Exemple d'un objectif : « je veux passer dans la classe supérieure », ça dépend aussi du conseil des profs, alors demandez-lui : « qu'est-ce qui dépend de toi ? Qui est sous ta responsabilité ? » Un adolescent m'a répondu : « ce serait que j'arrive à l'heure à mes cours ». C'est devenu un nouvel objectif : « j'arrive à l'heure à mes cours ».

Qu'est-ce que cela t'apportera qui est important pour toi ? « Je serai fier de moi ! » la valeur est l'estime de soi, il a donc sa **motivation**. Cette valeur va mobiliser son énergie pour se mettre en action. Son objectif sert un but qui s'inscrit dans son projet de vie qui tend vers son monde idéal. Il a un sens pour lui.

À quoi verras-tu que tu as atteint ton objectif ? « Je serai souriant, les profs me féliciteront, les copains seront contents pour moi et mes parents aussi. » C'est un indicateur de mesure qui lui permet de se mettre en marche vers son objectif, il se voit l'atteindre.

Y a-t-il un inconvénient à arriver à l'heure à tes cours ? pour toi, pour les autres ? « Non, aucun. » « Et s'il y en avait un ? » (je vérifie qu'il n'y a pas de retombées négatives possibles pour lui et le système). Il me répète : « non il n'y en a pas, au contraire c'est ce que tout le monde attend ».

S'il y avait eu un inconvénient, par exemple : « je m'endors très tard le soir parce que je n'arrive pas à me coucher avant minuit », le nouvel objectif deviendrait : « je me couche à 22 heures au plus tard ». On pourrait aussi intégrer l'inconvénient dans l'objectif : « j'arrive à l'heure à mes cours quelle que soit l'heure à laquelle je me couche la veille ».

Qu'est-ce qui t'empêche d'atteindre ton objectif : arriver à l'heure à tes cours ? » « Je n'ai pas de montre et je ne sais jamais l'heure qu'il est. » C'est devenu un sous-objectif : « je me procure une montre ». C'est un objectif formulé affirmativement, concret, précis, clair et réalisable.

C'est ce qu'il a fait, il n'est plus arrivé en retard à ses cours.

L'habitude de se poser ces questions à soi-même ou aux autres permet de mieux savoir ce que je veux dans ma vie. Si ce que je fais satisfait mes valeurs, mes buts, mon projet de vie, est-ce que cela a du sens pour moi ?

Peut-être un jour expliquera-t-on aux enseignants et aux éducateurs qu'il est nécessaire de montrer aux enfants et aux adolescents en quoi l'acquisition des connaissances proposées au programme est utile pour sa vie scolaire, mais aussi pour sa vie future, avec des exemples concrets à l'appui.

Il serait également utile de leur rappeler :

- que l'apprentissage est facilité quand il est suscité par le plaisir et la curiosité ;

- que l'intelligence seule ne suffit pas à réussir scolairement, la motivation intervient pour la plus grande partie ;

- que lorsque les enfants croient en eux et qu'ils ont la chance de rencontrer des professeurs qui croient également en leurs capacités, ils réussissent et renforcent leur estime de soi.

POINTS CLÉS

- Recherchez ses qualités plutôt que ses défauts et parlez-en ensemble. Rappelez-lui ses réussites, ses dons, ses facilités, ses ressources qui lui ont permis de dépasser ses obstacles.

- Notre motivation vient de nos valeurs. Vos enfants adopteront les vôtres si vous vous montrez cohérents avec elles.

- Faites-lui découvrir ses valeurs en esquissant le monde idéal auquel il aurait envie d'appartenir, aidez-le à imaginer quel rôle il pourrait jouer dans ce monde idéal à travers ses études, sa famille, ses amis, ses activités sportives ou artistiques, etc. Cela donnera un sens et une direction à sa vie.

CHAPITRE 8

Être soi-même ; vivre l'instant présent

Prendre soin de soi

L'adolescent souffre quand le parent lui envoie une image qui souffre. Il ne peut guérir ni son père ni sa mère, à quoi est-il bon ? Son estime de soi s'en trouve sensiblement diminuée. Il ne veut pas que vous finissiez votre vie aigris et amers, à regarder les « reality show » à la télé, en buvant et en fumant sur votre canapé. Il veut vous voir heureux et épanoui.

Ne soyez pas étonnés s'il vous imite ou vous provoque en se vautrant lui-même devant la télé, en buvant de l'alcool ou en fumant du cannabis avec ses amis. Il veut vous faire réagir en vous montrant que votre « soi » est étranglé par une cravate ou par une ceinture et que vous vous « shootez » à l'expresso et à l'adrénaline.

D'une certaine façon, vos enfants sont vos miroirs. Si vous ne voulez pas recevoir l'image négative qu'ils vous renvoient, vous allez leur faire du mal et continuer à ignorer votre soi profond.

Pour rencontrer votre soi profond, il faut vous connecter à lui. S'il est bloqué, enfermé, figé à cause des blessures de votre enfance et des émotions que vous avez retenues depuis trop longtemps, vous n'avez plus accès à cette partie essentielle de votre être. C'est alors votre soi négligé qui se manifeste.

Si une douleur ou un problème revient, il va falloir lui accorder une attention particulière. C'est la « singularité » de votre personne qui s'exprime. C'est une présence qui veut s'ouvrir au monde. C'est une partie qui est mûre, prête à guérir. C'est votre soi négligé qui se signale à vous, soyez prêt à l'accueillir.

Carl Jung écrivait : « Une névrose doit être comprise comme une souffrance de l'âme qui n'aurait pas découvert sa raison d'être. »

Le plus bel exemple nous est donné par Milton Erickson dont nous avons déjà parlé. Il accueillait le symptôme comme son meilleur ami, il l'acceptait et s'identifiait à « ce qui voulait changer », « ce qui voulait sortir ».

Très jeune il avait eu la poliomyélite et en était resté complètement paralysé pendant 5 ans. Malgré cela, il considérait son inconscient comme un puits de ressources et un réservoir plein d'apprentissages. Il s'adressait à lui avec respect et lui disait : « fais ce qu'il y a à faire », curieux des possibilités de guérison qu'il pressentait infinies. Plongeant dans ses souvenirs, il se retrouvait sur un arbre en train de cueillir des pommes ou en train de jouer avec une balle. Il ressentait une connexion profonde avec ce souvenir et revivait l'expérience « comme s'il y était ». Au bout de plusieurs jours, il s'apercevait que ses muscles commençaient à s'activer. Une partie de lui se rappelait ses apprentissages. Ils étaient toujours là, il suffisait de s'y replonger.

Il a appris ainsi à contacter ses ressources et à accueillir ses parties sombres. Elles ne lui faisaient pas peur. Il communiquait avec elles et avait ainsi une action sur les douleurs provoquées par sa paralysie. Aujourd'hui, grâce à son expérience, on utilise l'hypnose contre le traitement de la douleur.

Au lieu de vous plaindre des parties de vous que vous n'aimez pas, que ce soit des parties qui souffrent physiquement ou psychologiquement, au lieu de les blâmer, de vouloir vous en débarrasser, accueillez-les avec amour, comme quand vous embrassez le genou d'un petit enfant qui s'est blessé.

Si vous ne pouvez pas le faire seul, faites-vous aider par un psychothérapeute capable de les porter avec amour et respect.

Françoise m'est adressée par une association parisienne qui recueille les femmes dans la rue. Elle a 35 ans, un petit garçon de 3 ans et elle a des problèmes de santé. Elle doit impérativement arrêter de fumer car elle souffre d'une bronchite chronique. Elle est suivie en même temps par des médecins spécialistes.

Elle a eu, dit-elle, « une vie de galère » : héroïne, prison, prostitution. Depuis la naissance de son fils, et grâce au soutien de cette association, elle a suivi une cure de désintoxication et arrêté la drogue. Je suis touchée par cette jeune femme qui veut vraiment s'en sortir et qui se donne les moyens pour y parvenir.

Elle a essayé plusieurs méthodes pour arrêter la cigarette, sans succès. Aujourd'hui, elle est très motivée par son fils.

Au cours de la séance, elle s'associe profondément à cette partie d'elle qui souffre et l'accueille avec beaucoup de bienveillance. Soudain, elle est très émue et me dit : « je viens de retrouver ce après quoi je cours depuis 35 ans, que j'ai cherché à travers ma vie de galère ». Elle est en contact avec une sensation, quand elle avale la fumée de la cigarette, c'est comme si quelque chose de tiède coulait dans sa gorge et lui procurait un grand bien-être, c'est le lait maternel dont elle a été sevrée brutalement.

Sa mère a perdu son père (le grand-père de Françoise) alors qu'elle était enceinte. La grossesse a été marquée par ce triste événement. Alors que le bébé avait 3 mois, la mère a perdu son frère à la guerre d'Algérie, deuxième deuil. Elle a fait alors une grave dépression et a cessé d'allaiter son bébé. Le sevrage a été brutal. Le bébé a absorbé la dépression de la mère et a refusé de se nourrir. On ne lui expliquera pas ce que vit sa mère, on ne sait pas à l'époque qu'il faut parler aux bébés. La vie de cette famille reprendra son cours tant bien que mal, mais Françoise ne s'en remettra pas vraiment.

Un jour, Françoise devenue adulte a un enfant et décide de vivre pour son fils. Son amour pour lui la motive pour entreprendre une psychothérapie. Elle est mûre pour guérir.

Elle accueillera avec beaucoup d'amour cette partie d'elle toute petite qu'elle vient de retrouver. Elle prendra soin symboliquement de cette petite Françoise de trois mois, elle la visualisera et lui donnera la douceur, la tendresse, la sécurité dont elle avait besoin à l'époque et que ses parents n'ont pas su lui donner. Chaque jour elle la prendra dans ses bras et lui prodiguera les soins qu'elle aurait dû recevoir au moment du sevrage brutal. La bonne nouvelle, c'est que l'inconscient n'a pas la même notion d'espace-temps que le conscient. La réparation ne prendra pas des années. Si elle est faite avec sincérité, amour et compréhension, les besoins de l'enfant intérieur peuvent être très vite comblés.

À chaque séance, je constatais l'amélioration de son état de santé. Aidée par des « patches », elle a cessé de fumer. Elle a alors décidé de prendre des cours de couture pendant l'été et de partir en province pour ouvrir un atelier de retouches et de création de vêtements. Ce fut un changement majeur dans sa vie. Elle a été son propre guérisseur.

Les blessures peuvent être considérées comme des ouvertures initiatiques, des changements majeurs dans la vie. Elles ouvrent les portes vers notre Soi profond et nous permettent de découvrir notre talent de guérisseur.

Vous n'avez pas créé individuellement la plupart des problèmes avec lesquels vous vous débattez. D'ailleurs, ils ne sont pas tous aussi graves que celui de Françoise. Tout le monde n'a pas besoin d'une psychothérapie. Fort heureusement, nous pouvons avancer et grandir grâce à nos propres ressources. Demandez-vous :

- Quelles sont les pensées qui me rapprochent de moi-même et nourrissent mon estime de soi ? Exemple : tu es unique, tu es intelligent, tu es précieux, tu es digne d'être aimé, capable d'apprendre et de réussir, tu es courageux, tu es doux, tu es fort et volontaire…
- Quelles sont les pensées qui m'éloignent de moi-même ? Exemple : tu es méchant, tu ne vois pas que je me tue au travail pour toi, tu es un salaud, tu ne réussiras jamais rien, tu n'es pas courageux, tu n'es pas gentil, tu me rends malade, tu es paresseux, tu n'es qu'un peureux.

Faites les deux listes, celle des bonnes pensées et celles des mauvaises. Demandez-vous à qui appartiennent ces paroles que vous vous répétez et qui vous amènent à vous séparer de votre soi profond ?

Les conséquences de ces messages contradictoires, c'est que vous développez une vision en noir et blanc et que vous vous croyez :

- OU méchant OU gentil.
- OU fainéant OU courageux.
- OU idiot OU intelligent.
- OU radin OU généreux.

Ces conflits intérieurs sont des sources de stress qui affaiblissent notre système immunitaire et nous rendent vulnérables. Ils s'avèrent encore plus pernicieux quand ils sont inconscients.

Je vous propose de faire le petit exercice suivant à deux pour sortir du clivage entre les différentes parties de vous.

Exercice pour sortir des messages contradictoires

Installez-vous face à face, synchronisez-vous avec l'autre et prenez le temps d'être présent à vous-même pour être présent à l'autre.

A commence à parler à B qui l'écoute avec attention.

– Ce que je veux que tu voies de moi, c'est que je suis courageux.
– Ce que je ne veux pas que tu voies de moi, c'est que je suis peureux.
– B accueille en silence les paroles de A. Puis en le regardant, il reprend doucement les paroles exactes de A :
– Ce que je vois, c'est que tu es peureux.
– Ce que je vois, c'est que tu es courageux.
– Ce que je vois, c'est que tu es **les deux en même temps**.
– Ce que je vois c'est que tu es bien plus que cela, tu es au-delà de tout cela.

Laissez le temps à A de respirer sur ce nouvel état qui est là, à l'intérieur de lui en restant silencieux quelques instants. Une énergie nouvelle se met en place.

Vous inversez les rôles A devient B, faites cela plusieurs fois avec différents messages contradictoires.

Vous remarquerez que le positif l'emporte sur le négatif et que l'ensemble des deux génère un état nouveau, un état dans lequel vous vous sentez « complet ».

Cet exercice vous offre une façon simple et efficace de vous déconditionner et de créer une nouvelle énergie. Vous pouvez ainsi dissoudre le désaccord et sentir la présence vibratoire de votre soi profond et sentir la paix intérieure.

Vos parents pensaient qu'il était « éducatif » de vous envoyer certains messages négatifs. Vous avez pu constater l'effet produit sur vous-même. Nous sommes dans une société où l'estime de soi est précaire. Cet état de fait est au cœur de beaucoup de problèmes.

Individuellement, vous pouvez agir directement sur votre santé globale en pratiquant des exercices simples comme celui-ci. Vous pouvez les faire seul, quand c'est possible, ou avec une personne capable de vous accompagner avec empathie et respectant votre expérience.

Vous pouvez aussi lire ce livre, le comprendre et vous contenter de faire les exercices en imagination dans votre tête, en vous disant : « c'est intéressant ! » ou « ça m'évoque ceci ou cela » ou encore « tiens, je vais faire comme ceci ou comme cela ! ».

Cependant, souvenez-vous qu'il y a une différence entre le « savoir » et la « connaissance » qui s'appuie sur l'expérience. Vous obtiendrez davantage d'intégration et de résultats si vous expérimentez en faisant les exercices et/ou en appliquant très rapidement les suggestions qui vous paraissent appropriées.

Par ailleurs, augmentez l'acuité de la relation entre votre corps et votre esprit pour aborder le changement qui se manifeste à l'intérieur de vous.

Le corps est un messager du soi négligé. Quand vous pensez à vos problèmes, où ressentez-vous cette énergie « problème » dans votre corps ? À ce moment-là, ne laissez pas cette partie « problème » prendre le pouvoir sur votre vie. Laissez de côté ces jugements et revenez à votre respiration, dirigez-la vers cet endroit, ajoutez-y de la lumière blanche pour ressentir peu à peu cette chaleur intérieure, ce frémissement, cette vibration magnétique et plonger dedans pour percevoir un élargissement, votre soi est plus large que votre mental.

Si votre mental continue à vous dire « tu ne dois pas faire ceci, tu ferais mieux de faire cela » demandez-vous : « qui dit cela, à qui appartient cette voix critique ? » Il y a de vieux fantômes qui vous poursuivent, ces modèles négatifs, ne les laissez pas décider de votre vie.

Comme ce jeune garçon que son père battait en lui disant : « qui *diable* penses-tu être ? » Quand il se regardait dans le miroir, il se disait : « qui diable je suis ? » Il avait du mal à s'identifier à cette partie de lui qualifiée de « diable ».

Exercice pour rendre aux parents ce qui leur appartient

Listez quelques exemples des comportements d'une personne de votre enfance qui vous empêchent de vous sentir libres aujourd'hui et nuisent à votre estime de soi.

Trouvez un exemple concret et retournez à l'époque où la scène s'est déroulée. Mettez la personne en face de vous et dites-lui :

– « Quelles que soient tes raisons pour dire que j'étais un diable, ou pour me dévaloriser, ou me maltraiter, une chose est sûre, ce que tu dis t'appartient et je t'en laisse l'entière responsabilité. Ce n'est pas la mienne. Quoique tu puisses dire ou faire, je suis toujours important(e), capable d'apprendre, digne d'être heureux et décidé à l'être. »

Imaginez comment vous ferez désormais dans des circonstances similaires.

Dénicher son domaine d'expertise

Vous ne pouvez pas vivre votre vie en vous identifiant aux définitions que les autres donnent de votre identité et de votre vie. L'expert en la matière, c'est vous ! Vous êtes là pour apporter votre contribution unique au monde et trouver le sens de votre propre vie. Vos adolescents vous poussent à la trouver, à vous réaliser. Ils en sont fiers. Ils sont heureux quand vous vous réalisez et que vous vous intéressez aussi à ce qui les motive et les passionne.

Cherchez qui vous êtes d'unique pour l'amener à trouver qui il est d'unique.

Pierre brute ou diamant ?

Chaque être humain est comme un diamant. Quand on extrait un diamant de la roche, c'est une pierre brute et sombre que seuls les experts reconnaissent comme une pierre précieuse. Devenez votre propre expert et ne vous y trompez pas. Cette pierre qui vous paraît grise recèle un diamant. Taillez-la pour qu'elle devienne un brillant unique.

Commencez par nettoyer toutes ses incrustations pour dégager le diamant. Laissez toutes vos adaptations inutiles que vous avez mises en place pour être aimé et laissez peu à peu la lumière venir de l'intérieur.
Polissez votre diamant avec amour pour qu'il reflète la lumière par chacune de ses facettes et devienne un brillant unique, un joyau précieux que rien ne peut altérer. Vous êtes précieux, ne l'oubliez jamais.

À la fin d'un stage sur l'estime de soi, une participante m'écrivait ce petit mot « Merci de m'avoir fait prendre conscience que je suis précieuse. »

Lorsque vous savez mieux qui vous êtes, une personne unique et qu'il n'y a pas une autre personne comme vous sur terre, vous trouvez votre contribution unique au monde et vous donnez un sens à votre vie.

Milton Erickson a souffert dans son corps, il avait de très vives douleurs. Il les a accueillies en transformant sa souffrance en talent, il a créé l'hypnose ericksonienne. Il s'est adressé à son inconscient avec respect et bienveillance pour créer une approche nouvelle et pleine d'enseignements uniques. À la fin de sa vie, M. Erickson travaillait sur un fauteuil roulant et transmettait l'hypnose gratuitement. C'était sa contribution unique au monde.

Je rencontre des personnes retraitées qui s'investissent bénévolement dans des associations ou des actions humanitaires. Certains d'entre eux sont de véritables experts dans leur domaine et en font bénéficier la société. Ils sont actifs et motivés et apportent ainsi leur contribution unique au monde.

Faites un petit retour en arrière, regardez ce qui vous a blessé, regardez aussi là où vous êtes un Expert. Là où vous avez été blessé, se trouve votre talent. Conjuguée à votre expertise cette blessure a engendré ou engendrera votre contribution unique au monde. Elle vous a permis ou vous permettra de trouver un sens à votre vie.

On ne trouve pas un sens à sa vie du jour au lendemain. À certains moments, la vie peut même vous paraître dépourvue de sens. Ne vous découragez pas, avancez pas à pas, prêtez davantage attention à ce qui vous intéresse, vous motive, remarquez ce que vous aimez, là où vous réussissez et capitalisez vos petits succès.

Je m'étais dissociée très jeune. À l'adolescence, à la suite du drame familial que fut la mort de ma jeune sœur, je m'évadais dans les rêves pour fuir la tristesse et l'ennui. Est-ce pour cela aujourd'hui que je suis à l'aise avec les rêves éveillés dirigés et que les stagiaires les apprécient autant ? Si j'ai cette facilité à communiquer avec les adolescents, cela ne vient-il pas de cette période de ma vie qui a été si difficile ?

Grâce à un travail de nettoyage et de réparation qui est passé par une psychothérapie et l'étude de différentes approches de développement personnel, j'accompagne aujourd'hui les enfants, les adolescents et les adultes avec beaucoup de plaisir, de curiosité et d'empathie.

Là où vous êtes blessé, là se trouve votre engagement. Transcendez votre blessure avec cet exercice qui peut être fait seul ou à deux.

Exercice pour transcender les blessures

A et B sont assis l'un en face de l'autre.

Prenez le temps de vous centrer sur vous-même avant de commencer. Respirez et connectez-vous à votre vie intérieure. Laissez les paroles venir du cœur, pas de la tête. Prenez votre temps.

A commence à sentir sa blessure. B écoute en silence avec empathie ce que dit A, par exemple :

- Aujourd'hui ma **blessure** c'est la trahison.
- Aujourd'hui mon **aspiration,** c'est vivre la confiance entre les hommes et les femmes.
- Mon **engagement,** c'est de contribuer à favoriser l'échange de plus d'amour et de respect entre les hommes et les femmes de la Terre.

►

B propose à A de respirer plusieurs fois sur son engagement et de rester en contact avec cette énergie qui est là. A peut ressentir une émotion, B la reçoit et ne commente pas.
Inversez les rôles et refaites l'exercice pour plusieurs autres blessures.
En lâchant vos blessures, l'aspiration et l'engagement créent une nouvelle énergie, une intense présence à l'intérieur de vous. C'est un pas vers votre liberté.

Ces petits exercices vous apprennent le « lâcher prise » et contribuent à vous transformer en profondeur. Ils vous apportent au fur et à mesure de leur pratique une paix et une sérénité intérieures.

Les étapes du développement aux différents âges de la vie

Lorsque je reçois des personnes qui me consultent pour un certain mal-être qu'elles ne savent pas très bien définir avec des interrogations sur leur avenir professionnel et personnel, je les accompagne au niveau psychologique et émotionnel en m'appuyant également sur la symbolisation (dont j'ai déjà parlé au chapitre 2 à propos des besoins de l'être humain).

Je les rassure et je leur explique que c'est une étape de leur développement à la fois psychologique et spirituel. Quand j'évoque la spiritualité, je ne parle pas de religion, mais du sens de la vie.

Ce sont des personnes de 40/50 ans environ qui continuent à assumer leur travail, leur famille, sans enthousiasme, elles se sentent lassent, mais elles rassemblent leurs forces pour continuer à avancer. Elles expriment le désir d'apporter des changements dans leur vie, sans savoir vraiment ce qu'elles veulent. Elles ont parfois perdu le goût de vivre sans avoir d'idées suicidaires. Elles traversent une forme de dépression qui n'est pas une dépression clinique, c'est ce qu'on appelle la « dépression spirituelle ».

En symbolisation, nous considérons que nous sommes responsables de notre Unicité et de notre contribution unique au monde.

Le développement spirituel est un travail intérieur qui se fait en même temps que notre développement psychologique, en trois étapes :

- l'étape purificative,
- l'étape illuminative,
- l'étape unitive.

Entre chaque étape se trouve un passage intermédiaire, une phase de transformation :

- « le tunnel » entre l'étape purificative et illuminative,
- « le marais » entre l'étape illuminative et unitive.

Chacune de ces étapes comporte des tâches et nous permet de développer de nouvelles forces.

L'étape purificative

Pendant cette étape nous cherchons à répondre à la question : **qui suis-je ?**

C'est une période de nettoyage psychologique qui correspond au travail fait en psychothérapie. Nous avons accumulé des souffrances psychologiques et émotionnelles qui, pour la plupart ne sont pas résolues. C'est le moment de réviser nos croyances et changer nos comportements. Nous prenons conscience de nos besoins et nous avons la responsabilité de les satisfaire.

Les différentes tâches et quelques exemples qui correspondent à cette étape sont :

– La perte des illusions : nous nous apercevons que nous ne pouvons pas sauver le monde, nous pouvons seulement contribuer à le rendre meilleur. La seule personne que nous devons sauver c'est nous-mêmes. Nos enfants ne répondent pas à nos désirs de « l'enfant idéal » dont nous avions rêvé.

- Le détachement matériel et psychologique : par exemple, nous réalisons que nos enfants ne nous appartiennent pas, nous devons les accompagner vers leur autonomie. Nous apprenons également le détachement des choses matérielles qui ne nous rendent pas plus heureux.

- L'acceptation de nos pertes : certaines personnes n'ont pas fait le travail de deuil, suite à la séparation ou au départ d'un enfant, la perte d'un être cher, d'un travail, d'une maison. Le travail de deuil est gelé, elles subissent toujours la perte au lieu de l'accepter. C'est le moment de boucler ces deuils.

- L'acceptation de nos limites : nous sommes conscients de nos forces et de nos limitations. Nous ne sommes pas des parents parfaits, nous avons fait des erreurs, nous nous acceptons tels que nous sommes. Nous apprenons l'humilité et nous sommes prêts à nous laisser enseigner.

Dans le tunnel

En relation avec ce que nous avons appris dans l'étape précédente, nous expérimentons le détachement, le pardon et le lâcher-prise. C'est ce qui va nous permettre d'avancer dans ce passage étroit symboliquement, sans quoi nous nous sentons coincés.

Cela va se traduire pour certains par une suractivité, pour d'autres par de l'isolement. C'est la crise de « l'âge mûr », autour de 45 ans pour les femmes et 50 ans pour les hommes. Cela peut se traduire par un désintérêt de la vie, une nostalgie, une lassitude, des insomnies, c'est la « dépression spirituelle ». Nous avons passé la première partie de notre vie à nous réaliser socialement. Au milieu de la vie, nous ressentons le besoin de nous intérioriser pour nous réaliser. Nous avons à la fois besoin de solitude pour apprendre à nous apprécier, à nous aimer et également du soutien de personnes qui ont traversé cette étape et qui nous rassurent et nous encouragent.

Au bout du tunnel, nous savons mieux qui nous sommes « d'unique » et en même temps nous nous sentons vulnérables. Nous commençons à voir la lumière et nous ressentons de la joie. Nous avons encore besoin de prendre soin de nous et de soutien. C'est le début de l'étape illuminative.

Nous cherchons à donner un sens à notre vie. Nous sommes comme le rosier qui produit la plus belle rose de l'été juste avant l'hiver.

L'étape illuminative

À ce stade, nous avons perdu nos repères, nous avons besoin d'en trouver de nouveaux. Nous cherchons à répondre à la question : « **Qu'est-ce que j'ai à faire maintenant que je me perçois comme quelqu'un de différent, d'unique ?** »

Les différentes tâches avec quelques exemples qui correspondent à cette étape sont :

- Développer une compétence juste : Nous agissons de façon juste, sans causer de tort à autrui. Nous avons découvert ce qu'il y a d'unique en nous et nous l'apportons aux autres. Par exemple, avoir vécu l'abandon à sa naissance et avoir soigné sa blessure, a participé à rendre cette personne unique. À elle d'apporter cette Unicité au monde de façon juste.

- Développer la compassion : Comme nous éprouvons de la compassion envers nos parents, nous la développons envers les autres : nous lâchons nos peurs pour découvrir la confiance ; nous lâchons nos souffrances pour découvrir l'espérance ; nous lâchons nos rancunes et nos ressentiments pour découvrir l'amour.

- Nous pardonner à nous-mêmes et aux autres : Ce n'est jamais acquis définitivement. Nous devons y travailler tous les jours. Nous devons satisfaire nos besoins spirituels. Nous sommes tendres envers nous-mêmes et envers les autres. C'est l'amour de soi qui nous nourrit.

Dans le marais

Quand nous marchons dans un marais, nous prenons appui sur les points secs. Dans cette étape, nous nous appuyons sur l'amour de soi, la générosité sans rien attendre en retour. L'humilité et la simplicité caractérisent les personnes qui sont à ce stade. Il peut y avoir des moments de lassitude, mais la volonté de vivre est plus forte, c'est une nouvelle énergie plus orientée vers les autres.

Par exemple, les enfants sont devenus adultes, nous les laissons organiser leur vie sans nous en mêler. Notre conscience des autres est importante et nous sommes prêts à passer à l'étape Unitive.

■ *L'étape unitive*

Nous cherchons à répondre à la question : « **Comment vais-je faire ce que j'ai à faire ?** »

Nous avons acquis des compétences et des qualités qui nous permettent de réaliser ce que nous avons choisi de faire dans l'amour et dans la joie.

Les tâches dans cette étape sont les suivantes :

– Participer à la paix dans le monde : Nous contribuons concrètement à l'harmonie et à la paix autour de nous. Pour cela, nous développons de la diligence et de l'efficacité. Nous enseignons dans la simplicité et nous sommes un modèle accessible aux autres. Les grands-parents enseignent à leurs petits-enfants dans l'amour et dans la joie.

– Rechercher l'action juste : L'énergie est précieuse, nous devenons sélectifs dans nos actions pour éviter les tâches inutiles et inefficaces. Nous connaissons nos valeurs et nous sommes libres de nos choix. Nous sommes attentifs à nos besoins et veillons à ce que les besoins des autres soient satisfaits sans le faire à leur place.

– Défendre la beauté, la bonté et la vérité : Nous sommes conscients de ce qui est beau, bon et vrai et nous le défendons chez nous-mêmes et chez les autres. Nous reconnaissons l'étincelle divine chez les autres et nous nous y relions. C'est avec nos proches qu'il est parfois utile de se le rappeler.

Vivre l'instant présent, se connecter à son soi

J'ai commencé ce livre par l'importance d'apprendre à s'aimer et à s'apprécier ; être conscient de sa valeur en tant qu'être humain pour avoir une bonne estime de soi. La fin est consacrée à la nécessité de vivre l'instant présent, de se connecter à notre **soi** profond pour soutenir une **bonne estime de soi**.

Vivre éveillé

Vivre l'instant présent, c'est être conscient de ce que nous vivons ici et maintenant, ni dans le passé, ni dans le futur, savoir apprécier l'instant présent comme un cadeau de la vie. D'ailleurs n'appelle-t-on pas un cadeau un présent ?

C'est voir, entendre, ressentir, humer et goûter le moment présent grâce à nos cinq sens. C'est aussi être conscient de nos pensées, de nos émotions et de nos sensations. C'est également ce qu'on appelle dans certaines traditions : « vivre éveillé ». Celui que l'on appelait le « grand éveillé », c'était Bouddha.

Pour vivre éveillé, il faut arrêter le pilote automatique qui se met en marche quand nous faisons les choses de façon « machinale », comme conduire notre voiture, nous habiller…

C'est arrêter de se mentir à soi-même, quand nous refusons de voir ce que vous ne voulons pas voir. Même si nous ne voulons pas « voir », notre inconscient, lui, a vu.

Voici un exemple que je rencontre fréquemment avec les adolescents : « j'ai de mauvais résultats, mais je fais comme si tout allait bien. Pourtant, une partie de moi sait qu'il y a quelque chose qui cloche. »

Notre estime de soi est la réputation que nous avons auprès de nous ; si nous nous mentons à nous-mêmes, elle en souffre. Alors cessez de courir, de faire plusieurs choses à la fois, apprenez à vous poser, à prendre conscience de votre corps et à écouter votre vie intérieure. Commencez par vous centrer sur votre souffle pour que votre mental cesse de faire du bruit. Il existe une intelligence autre que celle de votre ego, apprenez à vous y relier.

Dans ce livre, vous avez pu vous familiariser avec les rêves éveillés dirigés qui permettent de vous connecter à votre vie intérieure, par exemple en écoutant votre respiration et votre battement de cœur. Peut-être certains déjà perçoivent-ils le « **battement dans le battement** ». Ce point de connexion avec votre soi. Milton Erickson l'appelait : « cet endroit au milieu de nulle part ».

Entraînez-vous encore et encore, acceptez que vos progrès soient relativement lents. Si vous avez une attitude impatiente uniquement tournée vers le résultat, vous ne créerez pas cette relation avec votre soi, votre centre, votre partie sage, votre source, votre âme, appelez-la comme vous voulez, mais nommez-la.

Se connecter à son âme

Je vous propose de partager des moments de connexion avec mon soi que je nomme mon « âme ». Je ne suis pas tout le temps en contact avec mon âme. Elle est intense à certains moments de ma vie. En particulier quand mon mental se tait, je vis pleinement le moment présent, je ressens la paix ou l'amour ou la joie qui émanent de mon être profond.

C'est le cas quand j'assiste au lever du soleil sur la mer en Tunisie. Je suis touchée par la beauté que la nature me révèle. Tous mes sens sont en éveil. Ce qui me fascine le plus, c'est l'aube, juste avant le lever du soleil, ce moment où tout s'arrête. La nature se met en attente, les oiseaux se taisent et les couleurs se fondent dans les mauves, l'air que je respire sent l'iode. Lorsque le soleil surgit à l'horizon, comme une boule de feu qui émerge de l'eau, tout se remet en mouvement, les oiseaux reprennent leur concert, les couleurs s'intensifient et se contrastent. La nature m'invite à saluer la vie et à vivre cet instant présent comme « unique ». Il n'y a pas deux aurores qui se ressemblent. Je ressens une unité intérieure reliée à l'unité et la cohérence du monde.

C'est aussi magique quand j'assiste au coucher du soleil, un soir d'été en Normandie. Lorsque le soleil décline dans le ciel et disparaît progressivement derrière les arbres. Une légère brume flotte entre le ciel et la terre, l'air est frais à humer, il sent le foin, la nature est paisible et m'offre ses couleurs douces, le silence impose le respect. Je ressens une paix intérieure, je salue la nature, je rends hommage à la vie et je me remercie d'être vivante.

Quand je ressens une immense joie qui vient de l'intérieur c'est aussi un moment de connexion avec mon âme. Cela peut se produire à l'annonce d'une bonne nouvelle ou d'un succès. C'est un cri de joie spontané qui jaillit du plus profond de mon être et qui me dit : « c'est pour toi ». À ce moment-là, je sais que je suis dans mon projet de vie, que j'apporte ma contribution unique au monde.

La joie spontanée se manifeste aussi après les larmes et la tristesse, pour vous réconforter et vous rappeler l'existence d'une présence pleine d'amour. Ces moments de joie sont uniques : les autres n'ont pas de pouvoir sur votre vie émotionnelle et vous êtes seul responsable de votre vie intérieure.

La connexion avec le soi survient aussi quand nous vivons un moment de communion qui rend le mental impuissant.

Ce fut le cas à la naissance de mes petits-enfants. Avant de prendre dans mes bras ce tout petit bébé, je commence par me centrer, être présente à moi-même pour ressentir ce nouveau lien d'amour qui est en train de naître. Quand je sens cette connexion d'âme à âme, je le prends dans mes bras, je lui parle doucement en le regardant dans les yeux : « Bonjour Gillian, je suis ta grand-mère, je suis si heureuse de te voir. » J'observe attentivement ce petit enfant qui me regarde avec ses grands yeux curieux, son regard est profond, je suis en présence de son être. C'est comme s'il savait déjà tout sur la vie et en même temps il va la redécouvrir. C'est une connexion directe avec son soi, la source de l'amour. Je prends conscience du miracle de la vie.

L'amour est au plus profond de vous-même, c'est comme une étincelle divine. Pour s'y connecter, il faut faire le silence, être présent à soi-même, pour sentir sa présence.

Vous avez peut-être déjà rencontré ces personnes qui ont cette lumière au fond des yeux, elles ont le regard « habité ». Quand elles sourient avec leurs yeux, ceux-ci brillent comme des lumières ; on dit que les yeux sont les fenêtres de l'âme.

Rappelez-vous ce que recherche le petit enfant : c'est que la lumière brille dans les yeux de maman et de papa. L'adolescent continue à rechercher cette étincelle au fond de vos yeux.

À quel moment avez-vous vu cette étincelle dans les yeux de votre adolescent ? Saisissez cet instant comme si vous preniez une photo de cette petite flamme. Vous ne pouvez la saisir que si vous-mêmes êtes en contact avec votre lumière intérieure, votre soi, votre diamant, votre âme.

Quoiqu'il arrive dans les relations, souvenez-vous qu'à l'intérieur de chaque être humain il y a une étincelle divine, un diamant qui ne demande qu'à briller.

■ *Passer du soi négligé au soi éclairé, faire briller cette lumière qui se trouve à l'intérieur de chaque personne*

Ces moments de bonheur peuvent se vivre tout simplement au quotidien. Commencez par savourer l'instant présent. Il s'agit de ressentir, ce n'est pas un exercice mental. Laissez-vous enchanter par exemple par :

- La joie d'un ami, réjouissez-vous avec lui de son bonheur.
- La petite main d'un enfant que vous sentez dans votre main.
- Les éclats de rire des enfants qui jouent.
- Le baiser qu'un enfant dépose sur votre joue.
- Une fleur sauvage qui pousse dans un endroit aride.
- Un vol d'oiseaux migrateurs qui passe dans le ciel.

- Un repas simple partagé avec des personnes que vous aimez.
- Un moment de solitude avec vous-même.
- Un rayon de soleil qui traverse la pièce où vous vous trouvez.
- Une chanson qui vous rappelle une personne spéciale dans votre vie.
- La pluie qui tombe quand vous êtes dans votre lit.
- La beauté d'un paysage inconnu que vous découvrez en vous promenant.
- Un feu de cheminée, entouré de ceux que vous aimez.

Savourez ces instants de façon à les garder en mémoire. Ce sont des ressources que vous pourrez recontacter dans des moments difficiles. Elles sont des clés d'accès à votre soi.

La pratique d'un art, comme la peinture, la musique, la poésie est une façon de se connecter à son soi et de s'exprimer au niveau spirituel. Lorsque vous écoutez une musique, vous pouvez être ému aux larmes, c'est un moment où vous rencontrez Dieu à l'intérieur de vous.

Cela se produit aussi dans une relation amoureuse lorsqu'une personne reflète chez vous l'amour de soi et que réciproquement elle ressent la même chose que vous. Vous êtes dans une relation d'amour où chacun peut se suffire à lui-même car justement il est en contact avec son être profond. Vous n'êtes pas dépendant de l'autre, vous n'êtes jamais seul puisque vous pouvez sentir cette présence à l'intérieur de vous qui vous rend libre. L'intimité est enrichie par un profond respect mutuel.

Dans ce type de relation amoureuse, il n'y a pas de contrôle, de jeux de pouvoir, de jalousie, d'agressivité. Vous êtes indépendants.

Pour se connecter à son soi, entraînez-vous régulièrement avec le rêve éveillé suivant.

Cet exercice pratiqué régulièrement vous permettra de ressentir l'amour de soi. Vous cesserez de vous demander si les autres vous aiment, vous commencerez par vous aimer vous-même et vous apprécierez la vie.

Rêve éveillé pour se connecter à son soi profond

Prévoyez un papier des crayons pastels que vous utiliserez à la fin de votre rêve éveillé.

Installez-vous confortablement dans un endroit calme où vous ne serez pas dérangé. Assis, le dos bien droit, les mains posées sur vos cuisses, les paumes ouvertes vers le ciel. Centrez-vous sur votre respiration... Détendez votre cou... vos épaules... vos mâchoires... ressentez tout votre corps et relâchez-le... remerciez-vous de vous offrir ce moment de détente... À chaque expiration, vous vous détendez davantage.

Lâchez votre mental, laissez passer les pensées... elles sont comme les nuages dans le ciel... ils peuvent être gris, blancs, noirs ; ils passent, derrière le ciel est toujours bleu...... Voilà, c'est ça... Écoutez maintenant le battement de votre cœur... Soyez attentif à ce battement dans votre poitrine... Peut-être pouvez-vous percevoir le « battement dans le battement »... ce point de connexion avec votre soi profond... cet endroit plein de sagesse à l'intérieur de vous...

Peut-être ressentez-vous plus profondément comme une lumière..., une chaleur intérieure... un frémissement... une vibration magnétique... Plongez plus profondément dedans pour percevoir cet élargissement, votre soi est plus large que votre mental. Vous sentez sa présence... comme un joyau à l'intérieur de vous... Vous êtes cette présence... vous êtes ce joyau... vous êtes précieux... vous êtes amour...

Ayez de la gratitude envers vous-même, pour qui vous êtes... vous êtes une personne unique... Il n'y a pas deux personnes comme vous sur cette Terre.

Laissez venir un symbole qui représente votre soi, votre unicité...

Revenez à l'intérieur de vous-même en vous centrant à nouveau sur votre respiration, prenez conscience de votre corps, commencez à bouger les pieds et les mains, ouvrez les yeux. Vous êtes ici et maintenant présent dans votre corps. Vous pouvez vous étirer et bâiller et reprendre contact avec ce lieu.

Prenez un papier et des pastels et dessinez votre symbole en silence. Puis consultez le dictionnaire des symboles si vous voulez comprendre la signification de votre symbole.

Demandez-vous quelles sont les personnes de votre vie qui vous ont vraiment vu, vraiment aimé ? Lorsque vous penserez à elles, vous éprouverez de la gratitude.

Ce sentiment qui vient spontanément parce qu'il est associé à la bonté, au don de l'autre, à la beauté d'une relation, comme une bénédiction, un moment de grâce.

Exercice pour exprimer la gratitude

Vous pouvez faire cet exercice seul. Si vous le faites à deux, mettez-vous l'un en face de l'autre et commencez par vous centrer sur vous-même.

A commence à exprimer sa gratitude en prenant B comme témoin. B reste silencieux et accueille ce que dit A.

A commence en laissant venir spontanément de son cœur le sentiment de gratitude. Ne rentrez pas dans le détail qui rendrait l'exercice trop mental, prenez le temps entre chaque phrase d'éprouver le sentiment de gratitude et de respirer dans ce sentiment :

- j'ai de la gratitude pour ma grand-mère qui m'a montré sa bonté,
- j'ai de la gratitude envers mes enfants qui m'ont appris l'amour maternel,
- j'ai de la gratitude pour mes petits-enfants qui m'ont fait découvrir l'amour inconditionnel,
- j'ai de la gratitude pour la vie que j'apprécie chaque jour,
- j'ai de la gratitude pour la nature qui me remplit de bonheur,
- j'ai de la gratitude pour mon corps qui me donne des signaux précoces,
- j'ai de la gratitude pour mes amis qui me soutiennent chaque jour,

etc.

Il existe d'autres façons de se connecter à son soi. Par exemple, grâce aux rêves éveillés dirigés, à la méditation, à la symbolisation.

C'est avec la pratique que j'ai trouvé peu à peu ma contribution unique au monde, grâce à la symbolisation, à l'hypnose ericksonienne, à la sophrologie, au yoga, à la méditation, etc. J'ai dû apprendre à me reconnecter à ma vie intérieure.

Se connecter à sa vie intérieure avec la symbolisation

En symbolisation, approche élaborée par Marge Reddington, l'inconscient est considéré comme un allié à qui vous pouvez demander de l'aide pour résoudre vos problèmes, à condition de le faire courtoisement et avec respect.

Un exercice de symbolisation se fait en trois phases :

- Première phase : détente et relaxation. Quand vous êtes suffisamment détendu, vous évoquez un souvenir heureux et vous demandez à votre inconscient de vous envoyer un symbole pour comprendre quelque chose ou pour résoudre un problème.

– Deuxième phase : émergence du symbole qui peut être visuel, auditif ou kinesthésique. Puis, vous vous projetez dans le futur avec votre problème résolu et le symbole évolue.

– Troisième phase : dessin du symbole, puis analyse du dessin avec l'aide du dictionnaire des symboles et d'un symboliste formé à cette approche.

J'espère, tout au long de ces pages, avoir modestement semé quelques graines que je vous invite à faire pousser avec amour pour avoir le courage d'être soi.

POINTS CLÉS

- Pour devenir indépendant, l'adolescent a besoin que vous lui fassiez confiance.
- Les adolescents veulent voir leurs parents heureux et épanouis. Ils souffrent quand ils les voient souffrir car ils ne peuvent pas les guérir. Par la provocation parfois, ils amènent leurs parents à évoluer.
- Ne laissez pas les pensées et les énergies « problèmes » diriger votre vie. Transformez vos blessures en talent, en don, pour donner un sens à votre vie.

Conclusion

À semer la confiance en soi, on récolte gros !

Je souhaite vous avoir aidé à donner confiance en lui à votre enfant. Si vous semez la confiance en soi, vous récolterez gros ! Car ce sont des graines prolifiques. Chaque personne qui se sent « bien dans ses baskets » génère en effet autour d'elle un climat constructif de bienveillance et de respect mutuels. Ni inutilement rebelle ou agressive, elle accepte l'autre, avec ses différences et son modèle du monde, car elle sait où elle va et pourquoi. Elle va de l'avant et bâtit sur du solide. Elle est à l'écoute d'elle-même. La confiance en soi ne favorise pas le narcissisme mais la juste prise de conscience de son être, de ses désirs et de ses besoins ainsi que de ses ressources propres. C'est lorsque l'on s'apprécie que l'on reconnaît plus facilement les qualités des autres et que l'on accepte leurs défauts. C'est lorsque l'on trouve légitime de satisfaire ses désirs et ses besoins que l'on encourage l'autre à en faire autant.

La lecture de ces pages vous a aussi, je l'espère, permis de renforcer votre propre estime personnelle, vous l'adulte qui montrez la voie. Nos adolescents nous renvoient souvent une image sans complaisance de ce que nous sommes devenus. Cette confrontation peut être pour chacun une occasion de faire un bilan et de se redécouvrir. Revisiter son adolescence et ses rêves, faire le point, reformuler ses priorités est un moyen de gagner en estime de soi et en épanouissement personnel. Montrez à votre adolescent que la vie se construit chaque jour vers plus d'harmonie. Montrez-lui que vous êtes déjà fier de l'adulte qu'il sera demain. Avancez ensemble.

L'estime de soi et la confiance en soi sont comme les boomerangs. Elles reviennent dans les mains de celui qui les communique. Pour son plus grand profit.

Remerciements

Ma reconnaissance va d'abord à mon amie, Josiane de Saint Paul, cofondatrice de l'Institut français de PNL et auteur de plusieurs livres dont *Estime de Soi et Confiance en Soi*. Elle a su créer une entreprise à laquelle j'ai eu envie d'appartenir. Lorsqu'elle croit en quelqu'un, elle le lui exprime et le soutient. Je la remercie pour avoir cru en moi, et m'avoir confié l'animation des ateliers sur l'estime de soi auprès des jeunes et des adultes.

Je la remercie surtout pour m'avoir encouragée à écrire ce livre, pour avoir relu et corrigé mon manuscrit avec la précision et la pertinence qui la caractérisent.

Ma reconnaissance va ensuite à mes enfants pour m'avoir permis de replonger dans mon enfance et mon adolescence et ainsi, de mieux les comprendre et mieux les aimer. À Jèmil, leur père, pour sa présence, sa disponibilité, sa patience avec eux, leur donnant ainsi la certitude qu'ils pouvaient compter sur lui en toutes circonstances. Également à mes petits-enfants et à ma grand-mère qui m'ont fait découvrir l'amour inconditionnel.

Enfin ma reconnaissance va :

- à tous ces jeunes que je rencontre sur leur chemin de vie, avec lesquels j'ai la chance de mieux décoder et clarifier les enjeux fondamentaux de leur estime de soi et de leur confiance en eux-mêmes ;

- à tous ces hommes et toutes ces femmes que j'accompagne, que ce soit mes clients en thérapie qui me confient leurs blessures ou mes stagiaires en formation pour leur capacité à se laisser enseigner, je les remercie pour leur confiance ;

– à Marge Reddington pour m'avoir enseigné la symbolisation. Sa philosophie m'habite au quotidien, en considérant l'être humain comme un tout, et surtout en me rappelant qu'a l'intérieur de chaque personne existe une parcelle divine ;

– à mes superviseurs pour leurs compétences professionnelles, leur humanité et leurs encouragements.

– à mes collègues et amis pour leur soutien, leur disponibilité et leur indéfectible affection.

– à François Baude pour sa générosité, sa créativité et ses illustrations pleines d'humour.

– à Marguerite-France Brun Cottan pour sa relecure perspicace, son efficacité et son enthousiasme contagieux.

– à Hélène de Castilla, mon éditrice, pour sa confiance, ses encouragements et sa capacité à révéler un auteur à l'intérieur de chacun de nous.

Bibliographie

L'adolescence volée, Stanislas Tomkiewicz, Éditions Calmann-Lévy, 1999.

Estime de soi, confiance en soi, Josiane de Saint-Paul, InterÉditions, 2e édition, 2004.

De l'estime de soi à l'estime du soi, Jean Monbourquette, Bayard, 2002.

L'estime de soi de nos adolescents, Germain Duclos, Danielle Laporte, Jacques Ross, Hôpital Sainte-Justine de Montréal, 2002.

Votre ado, Pr Marcel Rufo et Christine Schilte, Hachette pratique, 2004.

Arrête de me parler sur ce ton, Dr Patrice Huerre et Laurence Delpierre, Albin Michel, 2004.

Doit-on céder aux adolescents ?, Dr Patrick Delaroche, Albin Michel, 2003.

Mobilisez toutes les facettes de votre personnalité, Pierre Blanc-Jahnon, InterÉditions, 2003.

Quel parent voulez-vous être ?, Michèle Batany, InterÉditions, 2004.

Je t'en veux, je t'aime, Isabelle Filliozat, Robert Laffont, 2004.

Anorexie, boulimie : vous pouvez aider votre enfant, Catherine Doyen, Solange Cook-Darzens, InterÉditions, 2004.

Guérir des traumatismes et des abus sexuels et revivre, Yvonne Dolan, Éditions Satas.

Guérir, David Servan-Schreiber, collection « Réponses », Robert Laffont, 2003.

Messages de Vie, Bernie Siegel, J'ai Lu, 1993.

Les mots sont des fenêtres, Marshall B. Rosenberg, Éditions La Découverte, 1999.

Soyez un stressé heureux, 2003 et *S'estimer pour réussir*, 2004, Élisabeth Couzon, ESF Éditeur.

Apprendre à apprendre avec la PNL, Alain Thiry et Yves Lellouche, Éditions pratiques pédagogiques de Boeck, Université de Belgique, 1992.

C'est pour ton bien, Alice Miller, Éditions Aubier, 1992.

Trop stressé(e) ? Retrouvez le sourire en renforçant votre équilibre intérieur, Myriam Orazzo, InterÉditions, 2003.

Gagnez en autorité naturelle, Matthieu Maurice, InterÉditions, 2004.

Si vous voulez contacter l'auteur :

IFPNL
21, rue Sébastien-Mercier
75015 Paris

Association française de symbolisation
1*bis* avenue du Bois
92430 Marnes-la-Coquette

048416-(I)-(3)-OSB 100°-TYP-MER

STEDI, 1, boulevard Ney, 75018 Paris
Dépôt légal, Imprimeur, n° 8540

Dépôt légal : mars 2005

Imprimé en France